AI와 정책 홍보의 변화

인공지능총서

인공지능 시대입니다. 기계가 인간의 인지를 대신하고, 사물이 인간을 통하지 않고 다른 사물과 직접 커뮤니케이션합니다. 이에 따른 인간 삶과 문명 변화를 정확히 이해·예측·대응하는 것은 이 시대 우리 모두의 과제입니다. 인공지능총서는 인공지능 기술과 환경의 여러 주제를 10가지 키워드로 정리합니다. 관련 개념과 이론, 학계와 산업계의 쟁점, 우리 일상의 변화를 다룹니다. 인간과 기술의 현재, 미래를 세심히 분석합니다.

일러두기

- 인명, 작품명, 저서명, 개념어 등은 한글과 함께 괄호 안에 해당 국가의 원어를 병기했습니다.
- 외래어 표기는 현행 어문규정의 외래어표기법을 따랐습니다.

처음이세요?

전문가세요?

AI와 정책 홍보의 변화

정휘관

대한민국, 서울, 커뮤니케이션북스, 2025

AI와 정책 홍보의 변화

지은이 정휘관
펴낸이 박영률

초판 1쇄 펴낸날 2025년 5월 8일

커뮤니케이션북스(주)
출판 등록 2007년 8월 17일 제313-2007-000166호
02880 서울시 성북구 성북로 5-11
전화(02) 7474 001, 팩스(02) 736 5047
commbooks@commbooks.com
www.commbooks.com

ISBN 979-11-430-0048-4 03500

책값은 뒤표지에 표시되어 있습니다.

차례

AI가 바꾸는 정책 홍보

정책 홍보의 본질

정부 정책은 모두 좋은 정책일까? 정책을 기획하는 입안자 입장에서는 모두 좋은 정책일 것이다. 하지만 모든 정책이 성공하지는 못한다. 성공한 정책이 있는 반면에 실패한 정책이 존재한다. 특히 실패한 정책의 경우에 국민들은 혜택이 아닌 피해를 입게 되고, 이러한 피해는 고스란히 정부에 대한 불신과 정권 교체라는 답지로 이어진다. 정책은 어렵다. 때문에 정부는 국민들에게 정책을 충실히 설명해 줄 의무가 있다. 정책은 국민의 삶과 직결되는 문제이기 때문이다.

정책의 성공과 실패는 곧장 국민들에게 전해진다. 그래서 정책은 충분히 국민의 공감을 얻은 상태에서 출발해야 한다. 정책을 발표하기 전부터 국민 의견을 수렴해야 하고, 어떠한 문제가 있을지 꼼꼼히 살펴봐야 하며, 국민들이 어떻게 받아들일지 고민하며 적합한 홍보 전략을 수립한 후 발표해야 한다(신호창, 2024.06.05). 국정홍보처와 같은 정책 홍보 컨트롤타워(control tower)

가 존재하고 있지 않은 상황에서 중앙 정부, 17개 시도, 226개 시군구 지방 정부가 쏟아 내는 정책, 신문과 방송을 넘어 SNS(Social Network Service, 사회 관계망 서비스)에 이르기까지 다각화되고 있는 미디어 환경은 정책 홍보를 어렵게 하고 있다. 안타깝게도 대한민국은 세계에서 정치적 갈등이 가장 심한 국가다(Silver, L., et al., 2021.10.13). 진보 정당과 보수 정당의 이념적 거리는 과거보다 더욱 멀어지고 있고, 정치적 양극화는 극에 치닫고 있다(박광순 · 안종묵, 2020). 정책 실패는 결국 정치적 갈등으로 연결된다. 이런 이유에서라도 정책은 국민들에게 충실히 설명되어야 한다.

정책 홍보에 대한 문제의식

본서는 중앙 부처와 지방 자치 단체, 공공 기관에서 정책 홍보 담당자로서 그리고 민간 기업 홍보 컨설팅 과정에서 느꼈던 고민과 질문에서 출발했다. 담당자들이 직면한 현실적 어려움을 상세히 알고 있었기 때문에 인공지능(Artificial Intelligence, AI)의 등장이 많은 변화를 불러일으킬 걸로 예상됐다.

정책 입안자는 정책에 대해 상세히 알고 있지만 홍보 전문가는 아니고, 홍보 담당자는 커뮤니케이션 전략에

능숙하지만 정책의 복잡한 내용을 완전히 이해하기 어렵다는 구조적 한계가 있다. 이러한 간극을 어떻게 해소할 수 있을까? 이것이 본서를 집필하게 된 근본적인 이유라고 할 수 있겠다.

중앙 부처, 지방 자치 단체, 공공 기관에 근무할 당시 나는 정책 홍보의 현실적 제약과 한계를 경험했다. 한정된 예산과 인력으로 복잡한 정책을 다양한 정책 고객들에게 효과적으로 전달하는 것은 말처럼 쉽지 않았다. 특히 디지털 전환이 가속화되면서 미디어 환경이 급변하는 상황에서 기존 정책 홍보 접근 방식으로는 변화 속도를 따라잡기 어려웠다. 이러한 어려움은 민간 기업으로 이동했을 때도 크게 다르지 않았다. 정책의 전문성과 커뮤니케이션의 대중성 사이에서 균형을 맞추는 것이 얼마나 어려운지 깨달았다. 정책 입안자의 의도를 정확히 이해해야 하고, 이를 국민들이 공감할 수 있는 메시지로 변환하는 과정은 수많은 시행착오와 고민의 연속일 수밖에 없었다.

정책 홍보의 새로운 가능성

2022년 11월 30일, 오픈AI(OpenAI)에서 공개한 챗GPT(ChatGPT) 3.5를 보며 나는 생성형 AI(Generative

AI, GenAI)가 정책 홍보의 패러다임을 근본적으로 변화시킬 거라고 생각했다. 정책 홍보의 구조적 문제, 즉 정책의 전문성과 홍보의 효과성 사이의 간극을 AI가 충분히 메꿔 줄 수 있을 거라고 판단했다.

초기에는 정책 홍보에 생성형 AI를 활용하는 것에 공직자를 포함한 대부분의 사람들이 낯설어했으며, 심지어 제대로 답변해 주지 않는다며 중도 이탈하는 경우도 허다했다. 그러나 불과 몇 년 사이에 상황은 극적으로 변화했다. 이제 공직자들은 AI를 어떻게 활용할 것인가를 고민하는 단계로 접어들었다. 이러한 변화 속도는 앞으로 더욱 빨라질 것이다.

정책 홍보는 단순히 정부 정책을 국민에게 알리는 일방향적 소통이 아니다. 정책 홍보는 "정부와 공중 간의 국정 운영을 위한 전략적 커뮤니케이션을 통해 정부와 정부의 주요 공중 간의 상호 호혜적인 관계성을 구축하는 윤리적 커뮤니케이션 활동"(신호창 외, 2011)이다. 이는 정부와 국민 간 쌍방향 소통을 통해 정책에 대한 이해와 지지를 높이고, 궁극적으로는 정책의 실효성을 제고하는 전략적 활동이다. 그러나 현실에서 이러한 이상적인 정의가 실현되기는 쉽지 않다. 정책 홍보 담당자들은 많은 현실적 어려움에 직면해 있다. 정책 자체의 전문성과 복잡성, 다양한 정책 고객의 특성과 요구, 급변하는 미디어 환경 속에서 효과적인 정책 홍보 전략을 수립하고 실행하는 것은 결코 쉬운 일이 아니다. 특히 정책 담당자들은 정책 전문가이지만 홍보 전문가는 아니기에 전문적인 홍보 전략 수립과 실행에 한계가 있는 것이 현실이다.

이러한 상황에서 생성형 AI 기술은 정책 홍보에 새로운 가능성을 제시하고 있다. AI는 정책의 전문성을 유지하면서도 다양한 정책 고객에게 맞춤형 메시지를 전달할 수 있는 잠재력을 가지고 있다. 또한 다양한 형태의 콘텐츠를 효율적으로, 그리고 높은 품질로 생성할 수 있으며 정책 여론을 깊이 있게 분석하여 선제적인 대응 전략을 수립하는 데 기여할 수 있다.

본서의 목적과 구성

본서는 AI 기술이 정책 홍보에 가져올 혁신적 변화와 활용 방안을 살펴보고자 한다. 다만 AI의 기술적 가능성을 정책 홍보 현장에 어떻게 효과적이고 윤리적으로 도입할 것인가에 대한 체계적인 논의는 아직 부족한 실정이다. 또한 기술적 가능성과 현실적 제약 사이의 간극을 어떻게 극복할 것인지, 그리고 AI 도입 과정에서 조직 문화와 구성원의 역할은 어떻게 변화해야 하는지에 대한 논의도 필요하다.

이러한 목적을 위해 본서는 총 10개의 장으로 구성된다. 제1장에서는 디지털 기술 발전에 따른 정책 홍보 환경의 변화를 살펴본다. 정책 홍보가 단순한 공보에서 쌍방향 소통으로 발전해 온 과정과 디지털 매체 확산이 정책 홍보에 미친 영향을 알아본다. 제2장에서는 생성형 AI 등장으로 달라지는 정책 홍보 특징을 짚어 본다. 챗GPT, 클로드(Claude), 제미나이(Gemini), 그록(Grok) 등 대규모 언어 모델(Large Language Model, LLM)의 기술적 특성과 이것이 정책 홍보에 가져올 변화 가능성을 따져 본다. 특히 정책의 전문성과 대중성을 동시에 충족시킬 수 있는 AI의 잠재력에 주목한다. 제3장에서는 AI를 활용한 정책 홍보 기획 방법을 소개한다. 기존 정책 홍보 기획의 한계와 문제점을 짚어 보고, AI가 이를 어떻게 해결할 수 있는지, 그리고 실제로 AI를 어떻게 활용할 수 있는지 실무적 관점에서 제시한다. 특히 정책 홍보 기획의 출발점인 브리프(brief, 기획서) 작성부터 전략 수립까지 AI가 어떻게 기여할 수 있는지 구체적으로 설명한다. 제4장에서는 정책 고객의 다양성과 메시지 도출의 구조적 한계를 논의하고, AI가 이를 어떻게 극복할 수 있는지 탐구한다. 특히 정책 고객 다양화와 맞춤형 메시지 도출 과정에서 AI의 역할과 가능성을 조망한다. 제5장에서는 글, 이미지, 영상 등 다양한 형태의 정책 홍보 콘텐츠 제작에 AI를 활용하는 방법을 실무 중심으로 설명한다. 텍스트, 이미지, 영상, 음성 등 콘텐츠 유형별 AI 활용 방안과 제작 프로세스를 소개한다. 제6장에서는 AI를 활용한 정책 여론 수집과 분석 방법을 제시한다. 기존 여론 분석의 한계와 AI 기반 여론 분석의 가능성, 그리고 이를 정책 홍보에 활용하는 실무적 방안을 탐색한다. 특히 빅데이터(Big Data) 기반 여론 분석과 AI 기반 여론 분석의 차이점과 시너지를 구체적으로 규명한다. 제7장에서는 AI 도입에 따른 조직 문화 변화와 구성원의 역할 변화를 다룬다. 관료제의 벽과 혁신의 어려움, 세대 간 인식 차이, 새로운 조직 문화의 방향성 등 조직 차원의 과제와 해결 방안을 제시한다. 특히 정책 홍보 담당자의 역할 변화와 필요 역량에 대한 논의를 제공한다. 제8장에서는 AI 기반 정책 홍보에서 고려해야 할 윤리적 쟁점과 이에 대한 대응 방안을 모색한다. 정확성과 신뢰성, 투명성과 책임성, 개인 정보 보호 등 AI 활용 과정에서 발생할 수 있는 윤리적 문제와 이를 해결하기 위한 접근 방식을 톺아본다. 또한 국내외 AI 윤리 준칙과 정책 홍보에 적용할 수 있는 방안을 검토한다. 제9장에서는 국내외 공공 기관의 AI 활용 정책 홍보 사례를 살펴보고 시사점을 도출한다. 민간 기업과 공공 기관의 AI 활용 사례를 검토하여 정책 홍보에 적용할 수 있는지 짚어 본다. 마지막으로 제10장에서는 정책 홍보의 발전을 위한 단계별 도입 전략을 구체적으로 제시한다. AI 도입의 단계적 접근, 정책 홍보 영역별 AI 도입 우선순위 등 실행 가능한 전략을 제안한다.

정책 홍보 변화의 시대, AI

본서는 중앙 부처와 지방 자치 단체, 공공 기관에서 축적한 정책 홍보 경험과 그간 인공지능 커뮤니케이션에 몰두한 결과물을 결합한 산물이다. 정책 홍보의 현실적 문제와 AI의 기술적 가능성을 모두 고려하면서 정책 홍보의 미래를 모색하고자 했다. 물론 AI 기술은 빠르게 발전하고 있으며 정책 홍보 환경도 끊임없이 변화하고 있다. 따라서 여기에서 제시하는 방안들은 절대적인 해답이 아닌 지속적인 탐색과 혁신을 위한 시작점으로 이해되어야 할 것이다.

정책 홍보의 미래는 기술과 인간의 조화에 달려 있다. AI의 효율성과 정확성, 인간의 전문성과 창의성, 그리고 윤리적 판단이 결합될 때 정책과 정책 고객 사이의 소통은 더욱 효과적으로 이루어질 수 있을 것이다. 본서가 정책 홍보 담당자들에게 AI 시대의 새로운 정책 홍보 패러다임을 이해하고 준비하는 데 유용한 길잡이가 되기를 바란다.

참고문헌

김병주(2024.06.05). 해외 직구 규제 정책 실패의 원흉, '정책PR 혼란'. THE PR, https://www.the-pr.co.kr/news/articleView.html?idxno=51514

박광순·안종묵(2020). 한국 온라인 신문의 지면구성에 대한 분석: 언론사닷컴과 네이버 뉴스스탠드를 중심으로. ≪커뮤니케이션학연구≫, 163-191쪽.

신호창 외(2011). 『정책 PR』. 커뮤니케이션북스.

Silver, L., et al.(2021.10.13). Diversity and Division in Advanced Economies, https://www.pewresearch.org/global/2021/10/13/diversity-and-division-in-advanced-economies/

01
정책 홍보 환경의 변화

디지털 기술의 급속한 발전은 정책 홍보 패러다임을 근본적으로 변화시키고 있다. 정책 고객을 대상으로 하는 행정부, 입법부, 사법부, 공공 기관 등의 커뮤니케이션은 단순한 '공보'에서 '홍보'를 거쳐 이제는 공중과의 관계를 중시하는 PR 단계로 진화하고 있다. 디지털 환경에서 정책 홍보가 어떻게 변화하고 있는지 살펴보고, 이러한 변화가 가져올 새로운 가능성을 살펴본다.

AI와 1인 창업?

정책 홍보의 발전 과정

정책 홍보의 역사적 발전 과정은 우리나라 행정 체계의 변화와 맥을 같이한다. 초기에는 '공보처'라는 중앙 부처 조직을 통해 정책을 일방향적으로 알리는 공보 활동이 주를 이루었다. 이후 '국정홍보처'로 조직이 개편되면서 홍보 개념이 도입되었고, 현재는 피알(Public Relations, PR)을 통한 정책 소통으로 패러다임이 변화하고 있다(신호창 외, 2011).

정책 홍보는 "정부와 공중 간의 국정 운영을 위한 전략적 커뮤니케이션을 통해 정부와 정부의 주요 공중 간 상호 호혜적인 관계성을 구축하는 윤리적 커뮤니케이션 활동"으로 정의된다(신호창 외, 2011). 이는 단순한 정보 전달이나 퍼블리시티(publicity)와는 구별되며, 정책 수용자들의 자발적 정책 순응을 이끌어 내는 전략적 커뮤니케이션 활동을 의미한다(전형준 외, 2015).

디지털 매체 환경과 정책 홍보

정책 홍보의 매체 환경은 디지털 기술의 발전과 함께 급격히 변화하고 있다. 전통적으로는 TV 방송 광고, 신문, 라디오와 같은 매스 미디어와 옥외 광고 등이 주요 매체로 활용되었다. 여기에 PPL(Product Placement, 제품 간

접 광고)이나 오프라인 홍보물 제작 등이 보완적 수단으로 사용되었다(남태우 외 2021).

그러나 디지털 시대로 접어들면서 정책 홍보의 매체 환경이 크게 변화했다. 이러한 변화를 실증적으로 보여준 연구에 따르면, TV는 34.8%에서 14.5%로, 신문은 29.6%에서 23.5%로, 라디오는 23.5%에서 8.7%로 감소했다. 반면 온라인 캠페인은 53.9%에서 71%로, 온라인 홍보물은 65.2%에서 82.6%로 크게 증가했다(남태우 외, 2021). 특히 전체 매체 중 온라인 매체의 비중이 27.8%에서 49.3%로 증가한 것은 주목할 만한 변화다.

최근에는 짧은 형태의 영상 콘텐츠(쇼트폼)가 부상하면서 정책 홍보 형식도 변화하고 있다. 15초에서 1분 내외의 간결하면서도 임팩트 있는 영상 콘텐츠가 젊은 세대를 중심으로 높은 호응을 얻고 있다. 이는 정책 홍보 콘텐츠의 길이와 형식 면에서도 변화하고 있다는 의미다. 특히 최근 정부, 공공 기관 등 발주 기관의 홍보 제안 요청서를 보더라도 온라인 매체의 비중이 상당이 높다는 것을 확인할 수 있다.

정책 홍보 패러다임의 변화

디지털 플랫폼의 확산은 정책 고객과의 소통 방식을 근

본적으로 변화시키고 있다. 기관 홈페이지와 뉴스 레터(News letter) 등으로 시작된 디지털 소통은 유튜브(Youtube), 블로그, 페이스북(Facebook), 인스타그램(Instagram), 카카오톡(KaKaoTalk), 엑스(X, 구 트위터), 스레드(Thread), 링크드인(LinkedIn) 등으로 다각화되었다. 이러한 플랫폼의 다양화는 정책 고객의 의견 표출 방식을 확장시켰을 뿐만 아니라 정책 홍보의 본질적 성격도 변화시키고 있다. 이로 인해 단순히 신문과 방송을 통한 공보에서 플랫폼 다각화에 따른 소통 전략이 중요해지는 방식으로 변화하고 있다고 할 수 있겠다.

특히 주목할 점은 정책 홍보가 "매개" 기반의 접근 방식을 강화하고 있다는 것이다. 이는 행위자들을 긴밀히 연결하여 정보를 직·간접적으로 제공함으로써 의도한 정책 효과를 달성하는 방식이다. 실제로 정책 홍보는 태도 변화나 행동 유도보다 일반 대중과 목표 공중에 대한 적절한 정보 제공을 주목적으로 수행되고 있다(남태우 외, 2021).

정책 홍보의 효과성 역시 단순한 정보 전달을 넘어 정책에 대한 인지와 정확한 이해에서 출발한다. 이에 따라 정부의 정책 성과 평가는 '얼마나 잘 전달되고 있는가'와 '얼마나 효과적이고 효율적으로 전달되고 있는가'에 대한 평가를 통해 이루어지고 있다(Hatry, 1980; 송건섭 · 이곤수, 2004).

더욱 중요한 것은 정책 고객의 니즈(needs, 요구)를 정확히 파악하고, 이를 토대로 정책의 필요성과 당위성을 설득하여 정책에 대한 국민의 동의와 협조를 얻어 내는 것이다(박현순 외, 2005). 정책 정보의 효율적 전달은 정부와 정책 고객 간 원활한 정책 소통의 기틀을 마련해 주기 때문이다.

생성형 AI 시대의 정책 홍보 가능성

2022년 11월 30일에 공개된 ChatGPT가 대표하는 생성형 AI 기술은 정책 홍보에 혁신적 변화 가능성을 제시하고 있다. 정책 입안자, 정책 관계자, 정책 관리자 등은 정책에 대한 전문성을 갖고 있다 하더라도 홍보 전문가는 아니기 때문에 그간 홍보는 외주에 맡기거나 외부 전문가들의 자문에 의존해 왔다. 내부에 홍보 경력자들을 직원으로 채용하고 있기는 하나 근본적으로 다수가 홍보 전문가가 아닌 정책 전문가이기 때문에 정책 소통에 어려움이 많다. AI는 정책 고객의 특성과 선호도를 인식하여 맞춤형 메시지를 제공할 수 있으며, 여론 분석과 대응을 가능하게 한다. 또한 다양한 형태의 정책 홍보 콘텐츠를 전문가 수준으로 효율적으로 제작하고 관리할 수 있어 홍보 효과성을 획기적으로 향상시킬 수 있다.

더욱이 AI는 정책 홍보의 핵심 목적인 '정책 수용성 제고'를 효과적으로 달성하는 데 기여할 수 있다. AI를 활용한 정밀한 타기팅과 맞춤형 커뮤니케이션은 정책의 필요성과 효과를 더욱 설득력 있게 전달할 수 있으며, 이를 토대로 정책에 대한 이해와 지지를 높일 수 있다.

참고문헌

남태우 외(2021). 정책PR 유형의 정권간 차이 분석. ≪정책분석평가학회보≫, 53-77쪽.

박현순 외(2005). 국정홍보조직과 기능에 대한 정책 홍보 담당자의 인식 및 평가. ≪홍보학연구≫, 160-195쪽.

송건섭·이곤수(2004). 광역 자치 단체의 성과 평가: DEA와 SURVEY 방법론적용. ≪한국행정학보≫, 179-200쪽.

신호창 외(2011). 『정책 PR』. 커뮤니케이션북스.

전형준 외(2015). 『정책 PR론』. 커뮤니케이션북스.

Hatry, H.(1980). Performance measurement principles and techniques: An overview for local government. *Public Productivity Review, 4*, 312-339.

02
AI 시대의 새로운 정책 홍보

생성형 AI는 정책 홍보의 패러다임을 근본적으로 변화시키고 있다. 1장에서 살펴본 것처럼 디지털 기술의 발전은 정책 홍보 환경을 크게 바꾸어 놓았다. 특히 ChatGPT, Claude, Gemini, Grok 등으로 대표되는 생성형 AI의 출현은 정책 홍보의 기획과 실행 방식에 혁신적 변화를 가져오고 있다. 생성형 AI가 정책 홍보에 미치는 영향과 특징을 살펴본다.

AI와 MBTI?

생성형 AI의 기술적 특성과 정책 홍보

생성형 AI는 머신러닝(Machine Learning, 기계 학습) 알고리즘을 기반으로 이미지, 비디오, 오디오, 텍스트 등 다양한 형태의 콘텐츠를 생성할 수 있는 혁신적 기술이다(김영희, 2023). 가트너(Gartner)의 분석에 따르면, 향후 2~5년 내에 생성형 AI 기술은 조직의 혁신적 성과 창출과 생산성 향상에 지대한 영향을 미칠 것으로 전망된다(Gartner, 2023). 대규모 언어 모델과 이미지 생성 모델(Image Generation Model, IGM)은 텍스트, 이미지, 음성 등을 통합적으로 처리하여 정책 고객 맞춤형 콘텐츠 제작을 가능하게 한다. 특히 이는 알고리즘, 머신러닝, LLM으로 이어지는 AI 기술 발전 단계를 통해 더욱 고도화되고 있다.

존 파블릭(John Pavlik)이 지적한 것처럼 생성형 AI의 가장 주목할 만한 특징은 인간의 언어를 이해하고 맥락에 맞는 새로운 콘텐츠를 자율적으로 생성할 수 있는 능력이다(Pavlik, 2023). 이러한 특성은 정책에 대한 전문성과 정책 고객을 위한 창의성을 동시에 요구하는 정책 홍보 콘텐츠 제작에 혁신적인 변화를 가져올 수 있다.

생성형 AI는 단순한 텍스트 생성을 넘어 정책 내용을 시각화하고, 다양한 미디어 형태로 변환하는 능력을 갖추고 있어 정책 전달력을 크게 향상시킬 수 있다.

정책 홍보의 새로운 가능성

생성형 AI는 정책 고객들에게 정책을 더욱 효과적으로 전달하도록 지원한다. 특히 RAG(Retrieval Augmented Generation, 검색 증강 생성) 기술을 도입하여 정책 관련 정보를 맥락에 맞게 검색하고 활용할 수 있게 되었으며, 이는 정책 홍보의 정확성과 신뢰성을 높이는 데 기여하고 있다. 또한 생성형 AI는 정책 전문성과 대중성의 조화를 가능하게 한다. AI는 복잡한 정책 내용을 다양한 정책 고객들이 이해하기 쉬운 형태로 변환할 수 있다. 이로써 정책의 본질은 유지하면서도 대중적 소통을 원활하게 만든다.

최근 기업들의 AI 활용 사례는 정책 홍보에도 중요한 시사점을 제공한다. 예를 들어, '아임닭(imdak)'은 ChatGPT를 활용한 광고 콘티로 독창적인 결과물을 선보였으며, '하인즈(heinz)'는 달리(DALL-E)로 생성한 이미지를 활용해 효과적인 브랜드 메시지를 전달했다(이가항 외, 2024). 이러한 사례들은 AI가 단순한 작업 자동화를 넘어 창의적인 콘텐츠 기획과 제작에 기여할 수 있음을 보여 준다. 또한 '삼성생명'과 'LG 유플러스'의 AI

활용 캠페인 성공 사례는 AI가 정책 고객 맞춤형 콘텐츠의 메시지 효과성을 크게 높일 수 있음을 시사한다.

AI 기반 정책 홍보의 혁신적 변화

AI 시대의 정책 홍보는 콘텐츠 기획과 제작 방식에서 근본적인 변화를 보이고 있다. LTM(Long Term Memory, 장기 기억), 고도화된 LLM(Enhanced Large Language Model), sLM(small Language Model, 소규모 언어 모델) 등 AI 기술의 진화는 정책 홍보의 전 과정에 혁신을 가져오고 있다. 몇 가지 이유를 들어 본다면 첫째, 정책 콘텐츠의 기획 단계에서 AI는 정책의 핵심 내용을 다양한 관점에서 분석하고, 효과적인 전달 방식을 제안할 수 있다. 둘째, 콘텐츠 제작 단계에서는 텍스트, 이미지, 영상 등 다양한 형태의 홍보물을 효율적으로 생성할 수 있다. 셋째, 콘텐츠 최적화 단계에서는 정책 고객의 특성과 매체 특성을 고려한 맞춤형 설정이 가능하다.

자연어 처리, 이미지 생성, 음성 합성 등 다방면에서 이뤄진 기술적 진보는 정책 홍보의 효율성 증대, 창의적 기획, 개인화된 콘텐츠 제작을 가능하게 하고 있다(Li, 2019; Short & Short, 2023). 특히 sLM의 발전은 텍스트뿐만 아니라 이미지, 소리 등을 이해하는 멀티 모달

(multi modal) 형태로 발전하여 정책 홍보의 표현 가능성을 크게 확장시키고 있다. 또한 온 디바이스 AI(On Device AI)의 발전은 개인 정보 보호, 낮은 지연 시간, 실시간 반응을 기술적으로 구현하며, 클라우드(Cloud) 연결 없이도 AI 기능을 수행하도록 지원한다.

AI 시대 정책 홍보의 발전 방향

AI를 활용한 정책 홍보가 성공하기 위해서는 몇 가지 중요한 문제를 해결해야 한다. 첫째, AI가 생성한 콘텐츠의 정확성과 신뢰성을 담보할 수 있어야 한다. 특히 정책 관련 정보는 높은 수준의 정확성이 요구되므로 AI 생성 콘텐츠에 대한 내부적인 검토 절차가 확립되어야 한다. 둘째, 정책 내용에 대한 대외비 자료를 보호하면서도 정책 고객에게 적절하게 전달할 수 있는 방안을 마련해야 한다. AI 데이터 활용이 국익에 문제가 되면 안 되기 때문이다. 셋째, AI 활용 역량의 격차를 좁혀야 한다. 중앙부처와 지자체, 또는 공공 기관 사이에 AI 활용 역량 차이가 존재한다. 이러한 격차를 해소하기 위한 체계적인 지원과 교육이 필요하다.

AI 시대 정책 홍보의 발전 방향은 '기술 주도'가 아닌 '가치 주도' 관점에서 설정되어야 한다. AI는 정책 홍보의 효율성과 효과성을 높이는 수단이지만 궁극적으로 더 나은 정책 소통과 안정적인 정책 환경 조성을 실현하는 데 기여해야 한다. 이러한 관점에서 정책 홍보 발전은 다음과 같은 원칙을 따라야 한다. 첫째, 투명성과 책임성 원칙이다. AI를 활용한 정책 홍보는 과정과 결과가 투명하게 공개되고 검증될 수 있어야 한다. 둘째, 포용성 원칙이다. 디지털 격차나 정보 접근성 차이로 인해 특정 정책 고객이 소외되지 않도록 해야 한다. 셋째, 진정성 원칙이다. AI는 정책 홍보의 효율성을 높이는 도구지만 정책과 국민 사이의 진정성 있는 소통이라는 본질적 가치는 유지되어야 한다.

참고문헌

김영희(2023). 『생성형 인공지능(Generative AI) 산업 현황 보고서』. 한국저작권위원회.

이가항 외(2024). 생성형 AI 광고에 관한 뉴스 빅데이터 분석 연구. ≪광고학연구≫, 39-67쪽.

Gartner(2023.8.23). What's new in the 2023 Gartner Hype Cycle for emerging technologies. Gartner, https://www.gartner.com/en/articles/what-s-new-in-the-2023-gartner-hype-cycle-for-emerging-technologies

Li, H.(2019). Special section introduction: Artificial intelligence and advertising. *Journal of Advertising, 48*, 333-337.

Pavlik, J.(2023). Collaborating with ChatGPT: Considering the implications of generative artificial intelligence for journalism and media education. *Journalism & mass communication educator*, *78*, 84–93.

Short, C. & Short, J.(2023). The artificially intelligent entrepreneur: ChatGPT, prompt engineering, and entrepreneurial rhetoric creation. *Journal of Business Venturing Insights*, *19*, e00388.

03
정책 홍보 기획 방식의 변화

AI 시대를 접어들면서 정책 홍보는 근본적인 변화 시기를 맞이하고 있다. 특히 생성형 AI의 등장은 정책 홍보 기획 방식에 혁신적 변화를 가져오고 있다. 현재의 정책 홍보 기획 특성과 AI를 활용한 새로운 정책 홍보 기획 방법을 살펴보고자 한다.

AI와 난임 극복?

대한민국 정책 홍보의 구조적 특성

우리나라의 정책 홍보는 삼권 분립 체제 안에서 독특한 모습을 보인다. 대통령 선거를 통해 새로운 정부가 출범하면 국정 과제가 수립되고, 이를 기반으로 각 부처는 구체적인 정책을 설계한다. 행정부 각 부처는 이러한 정책을 국민들에게 효과적으로 알리고 설명해야 하는 의무를 가진다. 정부 부처의 정책 홍보는 위계 구조와 깊은 관련이 있다. 대통령비서실(청와대)의 국정 기조가 각 부처의 정책 방향을 결정하고, 이는 다시 개별 정책으로 구체화된다. 이 과정에서 정책 홍보는 정책의 필요성과 효과를 국민들에게 설득력 있게 전달하는 중요한 역할을 맡는다.

정책 홍보는 단순한 정보 전달을 넘어 정책에 대한 이해와 동의, 협조를 구해 정책을 원활하게 추진하기 위한 전략적 행위다. 정책 홍보는 정책을 정책 고객에게 알리고 긍정적인 여론이나 태도를 형성하고, 여론을 수렴해 정책에 반영하여 정책 고객 태도를 변화시키는 활동이다(오경수 외, 2013; 이준일, 1993). 이러한 우리나라의 독특한 정책 홍보 구조에도 불구하고 정책 홍보를 정권의 정치적 성향에 따라 변화하는 것이 아니라 정책에 대한 커뮤니케이션을 활성화하는 전략적인 행위로 이해해야 한다고 강조하는 시각도 존재한다(남태우 외, 2021; 정현주 외, 2023). 이러한 관점은 정책 홍보를 담당하는 실무자들에게 특히 중요한 의미를 갖는다. 정책 홍보 담당자들은 정권 교체와 관계없이 정책을 국민에게 효과적으로 전달하고 설득하는 전문성을 유지해야 하기 때문이다.

정책 홍보 담당자의 역할

정책 홍보를 실행하는 주체는 각 기관의 홍보 담당자들이다. 몇몇 학자들은 이들이 미디어 환경에 대한 깊은 이해를 바탕으로 정확한 판단과 메시지 작성 등 실무 능력이 필요하다는 점을 강조한다(신호창 외, 2011). 한국의 정책 홍보는 오랫동안 일방적이라는 지적을 받아 왔다. 하지만 미디어의 급격한 발달로 온라인에서 정책 고객이 자유롭게 의사 표현을 할 수 있게 되면서 쌍방향 소통으로 발전하게 되었다(소원근 · 김하균, 2012). 다른 연구들에서도 과거와 현재의 정책 고객이 다르다는 점을 이야기한다. 과거 정책 고객은 직접적인 만남을 통해 자신의 목소리를 표출했다면 지금은 다양한 SNS 채널을 통해 여론 형성의 주체로 자리매김했다고 설명한다(박진용, 2015; 최경진, 2003).

정책 홍보 기획과 패러다임 변화

정책 홍보 기획은 정책의 본질을 이해하고 이를 정책 고객에게 전달하기 위한 전략 커뮤니케이션 과정이다. 과거의 정책 홍보는 정책 담당자와 홍보 전문가 사이의 전문성 차이로 이 과정이 순조롭지 못했다. 정책 담당자들은 정책은 잘 알지만 홍보 기획에는 서툴렀고, 홍보 전문가들은 커뮤니케이션 전략은 잘 알지만 정책의 본질을 깊이 있게 이해하는 데 한계가 있었다.

이러한 간극을 해소하기 위해 정부는 다양한 시도를 해 왔다. 한 연구에 따르면 미디어가 급변하고, 정책 고객이 다양화되고 세분화되면서 직업 공무원만으로는 정책 홍보의 실효성을 극대화할 수 없었기에 참여정부 이후 민간 홍보 전문가 채용이 본격적으로 확대되었다고 이야기한다(강정석 외, 2010). 이는 정책 홍보의 전문성 강화를 위한 노력의 일환으로 볼 수 있다. 정책 기획과 홍보 기획을 동시에 진행하거나 정책 담당자와 홍보 전문가의 협업을 강화하고, 통합적인 커뮤니케이션 전략을 수립하는 등의 노력을 기울였다. 그러나 이런 노력에도 불구하고 정책 전문성과 홍보 효과성을 동시에 높이는 것은 여전히 어려운 과제로 남아 있다.

AI 기반 정책 홍보 기획의 실제 활용 방안

생성형 AI의 등장은 이러한 문제들을 해결할 수 있는 새로운 가능성을 제시한다. AI는 많은 양의 정책 자료를 분석해 정책 핵심을 파악하고, 이에 따라 홍보 전략을 수립하고 이를 다양한 형태의 콘텐츠로 바꿀 수 있다.

특히 GPT-4, Claude, Gemini, Grok과 같은 대규모 언어 모델은 전문적인 정책 내용을 이해하여 정책 고객이 이해하기 쉽게 홍보 전략을 수립하고, 메시지를 도출하며 적합한 홍보 콘텐츠 계획과 콘텐츠 제작 기획 및 실제 제작, KPI(Key Performance Indicator)를 설정하는 걸 지원한다..

실제로 광고 제작에서 쓰이는 크리에이티브 브리프(Creative Brief) 이미지를 ChatGPT 4o에 인식시키고, 정책 홍보 전문가라는 역할 지정을 통해 정책 홍보 기획 브리프로 바꿔 달라고 하면 사용할 만한 결과물이 순식간에 도출된다.

정책 홍보 기획 브리프의 구성은 1. 정책의 주요 특징/Key Characteristics of the Policy(해당 정책의 목적, 내용, 주요 혜택 및 특징을 설명), 2. 정책 환경 및 문제점/Policy Context & Challenges(정책이 해결하고자 하는 문제점 및 현재 사회적 상황, 관련 이슈 등을 분석), 3. 목표 대상/Target Audience Profile(정책 수혜자 및 대상자의 인구 통계학적 특성, 라이프스타일, 인식 및 태도 등을 정의), 4. 정책 홍보 목표/Communication Objectives[이 홍보 캠페인을 통해 달성하고자 하는 정책 목표(예: 인식 제고, 태도 변화, 행동 유도 등)], 5. 주요 메시지 및 근거/Key Message & Supporting Points(정책 홍보에서 가장 핵심적으로 전달해야 할 메시지와 이를 뒷받침할 논리와 근거), 6. 바람직한 정책 이미지/Desired Policy Image(정책이 대중에게 어떻게 인식되기를 원하는지, 정책의 이미지를 정의), 7. 홍보 시기 및 활용 매체/Suggested Media & Timing[효과적인 홍보 시기와 매체(예: TV, 온라인, 소셜 미디어 등)를 선정하고, 송출 시점을 계획], 8. 필수 요구 사항/Mandatory Inclusions(법적 고지 사항, 로고, 담당 부처 정보 등 반드시 포함해야 하는 내용을 기재)이다.

이렇게 정책 홍보 기획 브리프를 마련하고 나면 정책 담당자는 홍보 전문가들이 홍보 전략을 수립할 때와 마찬가지로 전문성 있는 기획안을 손쉽게 구할 수 있게 되고, 내부에서 해결할 수 있는 정책 홍보와 외주로 해결해야 하는 정책 홍보를 구분할 수 있게 된다. 더불어 이러한 브리프는 홍보 RFP(Request For Proposal, 제안 요청서) 작성의 기초가 되며, 실제 광고 또는 홍보 대행사 선정 이후의 커뮤니케이션 과정도 매끄럽게 진행할 수 있다는 장점이 있다.

AI를 활용한 정책 홍보 기획은 앞으로 더욱 발전할 것으로 보인다. 특히 생성형 AI의 발전은 정책 홍보 기획 방식을 크게 바꿀 것이다. AI는 정책 전문성과 홍보 효과성이라는 두 가지 목표를 동시에 달성하는 데 도움을 줄 수 있기 때문이다. 특히 AI는 홍보 전략을 기획하는 데 도움을 줄 수 있다. 정책은 내부 직원이 가장 잘 알고 있기 때문에 내부 직원의 통찰력과 AI가 만날 때 정책과 국민의 커뮤니케이션 간극은 줄어들 것이다.

참고문헌

강정석 외(2010). 『정부신뢰와 소통 제고를 위한 Public Relations 시스템 구축』. 한국행정연구원.

남태우 외(2021). 정책 PR 유형의 정권간 차이 분석. ≪정책분석평가학회보≫, 53-77쪽.

박진용(2015). 『PR 이론과 실무』. 한울.

송수근·김종호(2012). 소셜 미디어 시대의 국정소통에 관한 담론. ≪단국대학교 분쟁해결연구센터≫, 63-85쪽.

신호창 외(2011). 『정책 PR』. 커뮤니케이션북스.

오경수 외(2013). 정책 PR이 정책지지, 정부신뢰에 미치는 영향 연구. ≪한국콘텐츠학회논문지≫, 190-202쪽.

이준일(1993). 『정부 홍보의 이론과 실제. 세계의 공보 정책』.

한국언론연구원.
정현주 외(2023). 정책수용도 및 정책 기관 인식에 미치는 정책PR콘텐츠 효과 연구 : 정책관여도와 공익성 인지의 조절효과를 중심으로. ≪한국소통학보≫, 329-371쪽.
최경진(2003). 한국의 정부와 언론의 갈등적 관계에 관한 일 고찰: 참여정부의 언론 정책적 행위를 중심으로. ≪언론과학연구≫, 95-132쪽.

04
정책 홍보 메시지 도출 방식의 변화

정책 홍보는 고객 특성과 매체에 따라 메시지를 달리해야 하지만 기존 방식은 공급자 중심의 일방적 전달에 머물러 효과에 한계가 있었다. 생성형 AI는 정책 내용을 분석하고 고객 특성에 맞춰 메시지를 자동으로 생성 · 최적화함으로써 정책의 본질을 효과적으로 전달하고 정책 고객과의 소통을 강화할 수 있는 새로운 대안으로 주목받고 있다.

AI와 사주?

정책 고객의 다양성과 메시지 도출의 구조적 한계

정책 고객은 정책을 전달받는 최종 수요자를 의미한다. 중앙 부처, 지방 자치 단체, 공공 기관 등 각 기관 특성에 따라 정책 고객은 서로 다른 특성을 보인다. 중앙 부처는 전체 국민을 대상으로 하는 반면, 지방 자치 단체는 해당 지역 시민을, 공공 기관은 설립 목적에 따른 특정 정책 대상자를 주요 고객으로 설정한다. 현재 정책 홍보의 가장 큰 문제점은 메시지가 공급자 중심으로 만들어진다는 점이다. 정책을 만드는 기관의 관점에서 메시지가 구성되다 보니 정책 고객이 실제로 받아들이는 메시지와 정책 공급자가 의도한 메시지 사이에 상당한 괴리가 발생한다. 이로 인해 중앙 부처, 지자체, 공공 기관의 홍보 담당자들은 효과적인 정책 메시지 도출에 어려움을 겪고 있다.

김찬석(2011)은 홍보 커뮤니케이션 메시지 특성을 일방성-상호성, 정서성-이성성 차원에서 분석하며, 행정 기관이 사실적이고 상호적인 메시지를 제시할 때 공공 갈등의 부정적 측면이 최소화될 수 있다고 강조하였다. 그럼에도 불구하고 현재 대부분의 정책 메시지는 행정 기관 중심의 일방적이고 이성적인 정보 전달에 치중하는 경향이 있다. 정책 분야에 따라 정책 고객의 특성과 관심사는 크게 달라질 수 있다. 예를 들어 복지 정책, 식·의약품 정책, 교육 정책, 경제 정책, 환경 정책 등은 각각 다른 정책 고객층을 가지며, 이들의 정보 수용 방식과 선호하는 메시지 유형도 상이하다. 정책 메시지의 내용 차이가 공중에게 미치는 영향을 분석한 연구에 따르면, 정책에 반대하는 공중에게서 정부 메시지에 대한 동의 정도에 유의미한 차이가 나타났다(유재웅·박현유, 2008). 이는 정책 홍보에서 대상별 차별화된 메시지 전략의 중요성을 뒷받침한다.

AI 기반 메시지 도출의 새로운 가능성

생성형 AI의 등장은 이러한 문제를 해결할 수 있는 새로운 가능성을 제시한다. ChatGPT, Claude, 구글(Google) Gemini, Grok 등 대규모 언어 모델은 정책 내용을 분석하고, 정책 고객 특성을 고려한 맞춤형 메시지를 도출할 수 있다. 특히 각각의 홍보 매체 특성에 맞는 최적화된 메시지를 생성할 수 있다는 점이 주목할 만하다.

AI가 메시지를 도출하는 과정은 체계적으로 이루어진다. 우선 홍보하고자 하는 정책 내용을 ChatGPT, Claude, Google Gemini 등에 피디에프(PDF) 등 인식할 수 있는 파일로 업로드하면 AI는 정책의 핵심 요소와 특징을 분석한다. 다음으로 정책 고객 특성을 정의하면 AI는 해당 정책 고객을 고려해 메시지를 구성한다. 마지막으로 카드 뉴스(card news), TV 광고, SNS 게시물 등 각 홍보 매체 특성에 맞게 메시지를 최적화한다.

예를 들어 식품의약품안전처의 축·수산물 PLS (Positive List System, 농약 허용 기준 강화 제도) 정책을 이해 관계자들을 대상으로 홍보할 때 AI를 통해 정책 고객인 이해관계자 즉, 축·수산물 유통업자 등 정책 고객의 특성을 정의하고, 이들에게 전달해야 하는 핵심 정책과 이들에게 최적화된 메시지를 도출한다. 이러한 핵심 정책과 메시지는 각각 공익 광고, 유튜브 교육 영상, 카드 뉴스, 리플릿 등 매체별 특성에 맞게 다시 한번 메시지 최적화 과정을 거치면 된다.

출산 장려 정책을 대상으로 정책 홍보 메시지 전략을 분석한 연구에 따르면 개인 차원의 효능 기대감과 정부 차원의 효과 기대감이 높을수록 메시지 효과가 크게 나타났다(박현순·임지영, 2005). 이러한 연구 결과는 AI를 활용한 메시지 도출에도 중요한 시사점을 제공한다. AI는 정책 고객의 효능 기대감을 고려한 맞춤형 메시지를 생성할 수 있으며, 이는 정책 메시지의 효과성을 높이는 데 기여할 수 있다.

AI는 정책 분야와 정책 고객 특성에 따라 차별화된 메시지를 효과적으로 도출할 수 있다. 예를 들어 세대별, 직업별, 지역별 특성을 고려한 맞춤형 메시지 구성이 가능하며, 정책에 대한 지식수준과 관여도에 따라서도 메시지의 복잡성과 전달 방식을 조정할 수 있다. 특히 각 매체 특성(글자 수 제한, 이미지 활용 가능성, 콘텐츠 소비 맥락 등)을 고려한 최적화된 메시지 도출이 가능하다는 점에서 AI 활용 가치가 높다.

정책 홍보 메시지 도출의 새로운 패러다임

AI 활용은 정책 홍보 메시지 도출 과정 자체를 변화시키고 있다. 과거에는 홍보 대행사나 전문가 자문을 통해 메시지를 개발했다면 이제는 AI가 다양한 메시지안을 먼저 생성하고, 이를 바탕으로 전문가 검토를 거쳐 최종 메시지를 선정하는 방식이 가능해졌다.

이러한 변화는 여러 가지 장점을 가진다. 첫째, 다양한 메시지 후보들을 신속하게 검토할 수 있다. AI는 수많은 버전의 메시지를 빠르게 생성할 수 있어 정책 홍보 담당자들의 선택 폭이 넓어진다. 둘째, 정책 고객 특성을 더 섬세하게 반영할 수 있다. AI는 정책 고객을 정의한

대로 각 정책 고객 집단 특성을 정확하게 파악하고, 이를 메시지에 반영할 수 있다. 셋째, 메시지 개발 비용을 절감할 수 있다. 초기 메시지 도출을 AI가 담당함으로써 외부 용역 비용을 줄일 수 있다.

상호적 메시지의 중요성은 AI 시대에도 여전히 유효하다(김찬석, 2011). 다만 AI는 이러한 상호적 메시지를 더욱 효과적으로 구현할 수 있는 도구가 될 수 있다. AI는 정책 고객 반응을 분석하여 메시지를 조정할 수 있으며, 이는 정책 홍보의 상호 작용성을 강화하는 데 기여할 수 있다.

하지만 AI를 활용한 메시지 도출이 성공하기 위해서는 몇 가지 고려 사항이 있다. 첫째, AI에 입력하는 정책 정보의 질이 중요하다. 정책의 목적, 내용, 기대 효과 등이 정확하게 정의되어야 AI가 효과적인 메시지를 생성할 수 있다. 둘째, 정책 고객 특성을 세밀하게 정의해야 한다. 인구 통계학적 특성뿐만 아니라 생활 패턴, 가치관, 정보 접근 방식 등 다양한 요소를 고려해야 한다. 셋째, AI가 생성한 메시지의 검증 과정이 필요하다. 정책의 본질을 정확하게 전달하는지, 법적 · 윤리적 문제는 없는지 등을 꼼꼼히 확인해야 한다.

AI 기반 메시지 최적화 전략

생성형 AI의 프롬프트 엔지니어링(Prompt Engineering) 기법을 활용하면 보다 효과적인 메시지 도출이 가능하다. 프롬프트 엔지니어링은 AI 출력 결과를 사용자 의도에 맞게 조정하는 중요한 기술이다(Short & Short, 2023). 정책 홍보 메시지 최적화를 위해서는 정책의 핵심 가치를 명확히 정의하고, 정책 고객 페르소나(가상의 인물 프로필)를 설정하며, 매체별 특성을 고려한 메시지 최적화 전략을 수립해야 한다.

메시지 전략은 정책에 대한 공중의 태도에 따라 효과가 달라질 수 있다(유재웅 · 박현유, 2008) AI는 이러한 차이를 반영하여 정책 지지층, 반대층, 중립층 등 다양한 정책 고객 집단에 맞는 차별화된 메시지를 생성할 수 있다. 효과적인 메시지 최적화를 위해서는 정책 성격과 각 정책 고객 집단의 특성을 정확히 정의하는 것이 중요하다.

AI를 활용한 메시지 최적화 과정은 다음과 같다. 첫째, AI에게 정책의 핵심 가치와 목표를 명확히 전달하여 이를 기반으로 메시지를 구성하도록 한다. 둘째, 주요 정책 고객 집단별로 구체적인 페르소나를 설정하고 이를 AI에게 제공하여 보다 타기팅된 메시지를 생성하도록 한다. 셋째, 각 홍보 매체 특성(글자 수 제한, 시각적 요소, 사용자 경험 등)을 고려하여 메시지를 최적화한다. 넷째, AI가 생성한 여러 버전의 메시지를 내부 직원의 의견 수렴, 전문가 자문 등을 통해 확정한다.

효능 기대감의 영향을 고려할 때, AI를 활용한 메시지 도출 과정에서도 정책 고객의 효능감을 높이는 방향으로 메시지를 구성하는 것이 중요하다(박현순 · 임지영, 2005). 정책 참여 방법을 구체적으로 제시하고, 참여 효과를 명확히 보여 주는 메시지를 개발함으로써 정책 고객의 효능 기대감을 높일 수 있다. 이러한 접근은 단순히 정책 정보를 전달하는 차원을 넘어 정책 고객의 적극적인 참여와 지지를 이끌어 내는 데 기여할 수 있다.

효과적인 메시지 최적화를 위한 AI 프롬프트 설계는 다음과 같은 요소를 포함해야 한다. 첫째, 정책의 핵심 목표와 기대 효과를 명확히 정의한다. 둘째, 정책 고객의 세부 특성(인구 통계학적 특성, 가치관, 미디어 이용 행태 등)을 상세히 기술한다. 셋째, 전달하고자 하는 메시지의 핵심 가치와 톤 앤드 매너(tone and manner)를 지정한다. 넷째, 메시지가 활용될 매체의 특성과 제약 사항을 명시한다. 이러한 요소들이 포함된 체계적인 프롬프트를 통해 AI는 보다 정교하고 효과적인 정책 홍보 메시지를 도출할 수 있다.

정책 홍보 메시지의 발전 방향

AI 시대의 정책 홍보 메시지는 더욱 정교화될 것으로 전망된다. 특히 AI 발전은 다음과 같은 변화를 가져올 것으로 예상된다. 첫째, 초개인화된 메시지 전달이 가능해질 것이다. AI는 개별 정책 고객의 특성과 선호도를 더욱 세밀하게 분석하여 개인 맞춤형 메시지를 생성할 수 있다. 이는 정책 홍보 효과성을 크게 높일 것이다. 둘째, 빠른 속도로 메시지 최적화가 이루어질 것이다. AI는 정책 고객 반응을 지속적으로 분석하여 메시지의 내용과 전달 방식을 개선할 수 있다. 이는 정책 홍보의 적시성과 효율성을 높이는 데 기여할 것이다. 셋째, 텍스트, 이미지, 영상, 음성 등 다양한 형태의 커뮤니케이션을 통합적으로 활용하는 IMC(Integrated Marketing Communication) 커뮤니케이션이 정책 홍보 담당자들에게 자리 잡을 것이다. 이는 정책 메시지의 전달력과 효과성을 높이는 데 기여할 것이다. 넷째, AI는 정책 환경 변화와 정책 고객 반응을 예측하여 선제적인 정책 홍보 전략 수립을 가능하게 할 것이다. 이는 정책 홍보 전략 대응력을 높이는 데 기여할 것이다.

상호적 메시지의 중요성은 AI 시대에 더욱 강화될 것으로 예상된다(김찬석, 2011). AI는 정책 고객과의 상호 작용을 촉진하고, 정책 고객의 반응을 상시적으로 분석하여 메시지를 조정함으로써 정책 홍보의 상호 작용성을 크게 향상시킬 수 있다. 정책에 대한 태도에 따른 메시지 효과의 차이도 AI를 통해 더욱 정교하게 분석되고 활용될 수 있다(유재웅 · 박현유, 2008).

이러한 발전은 정책 홍보 담당자의 역할도 변화시킬 것이다. 정책 홍보 담당자는 AI가 제시하는 다양한 메시지 후보 중에서 최적의 안을 선택하고, 이를 정책의 맥락에 맞게 조정하는 역할을 수행하게 될 것이다.

AI는 정책 홍보를 돕는 도구이지만 궁극적으로는 정책의 본질과 가치를 정확하게 전달하는 것이 중요하다. 따라서 AI를 활용한 정책 홍보 메시지 도출은 기술적 혁신을 넘어, 정책과 국민 사이의 더 나은 소통을 위한 새로운 가능성을 열어 줄 것이다.

참고문헌

김찬석(2011). 공공갈등 관리의 성공요인과 커뮤니케이션 메시지 특성. ≪PR연구≫, 5-15쪽.

박현순·임지영(2005). 출산장려를 위한 PR메시지 전략: 문제인식과 효능감을 중심으로. ≪광고학연구≫, 345-368쪽.

유재웅·박현유(2008). 미국산 쇠고기 수입논란에 대한 정부의 위기극복 메시지와 공중 반응-서울지역 대학생 공중의 반응을 중심으로. ≪PR연구≫, 108-134쪽.

Short, C. & Short, J.(2023). The artificially intelligent entrepreneur: ChatGPT, prompt engineering, and entrepreneurial rhetoric creation. *Journal of Business Venturing Insights*, *19*, e00388.

05
정책 홍보 콘텐츠 제작 방식의 변화

AI 기술의 발전은 정책 홍보 콘텐츠의 미래를 개인화, 맥락화, 다채널화의 방향으로 이끌고 있다. 정책 고객의 특성과 미디어 이용 행태를 분석해 맞춤형 콘텐츠를 제공하며, 텍스트 · 이미지 · 영상 · 음성 등 다양한 형식의 메시지를 효율적으로 제작 · 최적화한다. AI는 정책의 본질을 정확히 전달하면서도 국민과의 소통을 강화하는 전략적 도구로 주목받고 있다.

AI와 아이돌?

텍스트 기반 콘텐츠 제작의 혁신

정책 홍보에서 가장 기본이 되는 것은 텍스트 기반 콘텐츠다. ChatGPT, Claude, Gemini, Grok과 같은 대규모 언어 모델은 정책의 전문성과 대중성을 동시에 충족시키는 콘텐츠 생성을 가능하게 한다. 이러한 AI 도구들은 보도 자료, 카드 뉴스, 리플릿, 포스터, 쇼트폼(short-form) 스크립트, 광고 스토리보드(storyboard), 유튜브 기획안, 블로그 포스트(post) 등 다양한 텍스트 콘텐츠의 기획과 제작을 지원한다.

전통적인 정책 홍보에서는 정책 담당자가 작성한 전문적인 내용을 홍보 담당자가 다시 대중적인 언어로 변환하는 과정이 필요했다. 이 과정에서 정책의 본질이 왜곡되거나 전달력이 약화되는 문제가 종종 발생했다. 그러나 AI는 정책 전문성을 유지하면서도 정책 고객이 이해하기 쉬운 언어로 콘텐츠를 생성할 수 있다. 이는 정책 홍보의 효율성과 효과성을 동시에 높이는 결과를 가져온다.

대규모 언어 모델을 활용한 텍스트 콘텐츠 제작 과정은 크게 세 단계로 이루어진다. 첫째, 정책 자료를 ChatGPT, Claude, Gemini, Grok 등 AI에 업로드하여 핵심 내용을 분석하도록 해야 한다. 둘째, 제작하고자 하는 콘텐츠의 메시지, 기획안, 보도 자료 등을 요청한다. 셋째, 생성된 콘텐츠를 검토하고 필요에 따라 수정한다. 이 과정에서 정책 홍보 담당자는 AI에게 적절한 지시(프롬프트)를 제공하는 것이 중요하다. 지시에는 정책의 핵심 목표, 대상 청중, 메시지의 톤 앤드 매너, 원하는 콘텐츠 특성 등이 포함되어야 한다. 이렇게 AI는 다양한 채널에 최적화된 텍스트 콘텐츠를 효율적으로 생성할 수 있는 도구로 활용될 수 있다. 특히 AI는 각 채널의 특성과 이용자 성향에 맞는 콘텐츠를 생성할 수 있어 정책 홍보의 채널 다각화 전략을 효과적으로 지원할 수 있다.

이미지 콘텐츠 제작의 진화

정책 홍보에서 이미지는 메시지의 시각적 전달력을 높이는 핵심 요소다. 최근 발전한 AI 이미지 생성 기술은 카드 뉴스, 리플릿 · 포스터 디자인, 유튜브 섬네일(thumbnail), 광고 이미지 등 다양한 형태의 시각 콘텐츠 제작을 지원하고 있다. 실제로 고품질 이미지를 제공하는 미드저니(Midjourney), 타이포그래피를 강화한 이디오그램(Ideogram) 등 활용 가능한 AI 도구 모델이 계속 발전하고 있다.

텍스트 기반 이미지 생성 AI는 정책 홍보 담당자가 제공하는 프롬프트를 기반으로 정책 메시지에 부합하는 이미지를 생성한다. 이 과정에서 정책의 핵심 가치와 메시지, 정책 고객 특성, 이미지의 활용 목적 등이 고려된다. 또한 생성된 이미지는 다양한 크기와 형태로 변형하여 여러 플랫폼에 최적화된 버전을 효율적으로 제작할 수 있다.

'풍부성' 개념은 AI 이미지 생성에서 중요한 의미를 갖는다(박현선 외, 2022). 풍부성은 다양한 미디어 플랫폼에서 우수한 품질의 콘텐츠를 충분하게 제공하는 정도를 의미한다. AI는 동일한 정책 내용을 다양한 시각적 스타일과 형식으로 표현함으로써 콘텐츠의 풍부성을 높이는 데 기여할 수 있다. 이는 정책 홍보의 다양성과 창의성을 강화하고, 정책 고객의 관심과 이해를 높이는 데 중요한 역할을 한다.

AI 이미지 생성 과정에서 주의해야 할 사항도 있다. 사람이 직접 그리거나 스톡(Stock) 이미지를 조합하는 것보다 원하는 만큼 만족스러운 이미지가 생성되지 않을 수 있다. 그렇기 때문에 현 기술에 대한 이해가 필수적이며, 제작 과정에서 명확한 지시를 제공해야 한다. 또한 생성된 이미지가 특정 집단을 차별하거나 부적절한 표현을 포함하지 않는지 검토해야 한다. 마지막으로 이미지의 저작권과 윤리적 이슈를 고려하여 필요에 따라 추가적인 수정 작업을 진행해야 한다.

영상 콘텐츠 대체의 가능성

동영상 콘텐츠는 아직까지 다른 영역에 비해서 완벽히 대체하기는 어려운 상황이다. 다만 런웨이(Runway), 클링 AI(KLING AI) 등 모델의 발달로 영상 품질이 매우 빠르게 좋아지고 있다는 사실은 인지해야 한다. AI 기반 영상 제작 도구들은 쇼트폼 영상, 공익 광고, 유튜브 콘텐츠 등 다양한 형태의 영상 제작을 지원한다. 특히 영상 제작 지식이 없는 정책 홍보 담당자도 이 도구들을 활용하여 고품질 영상을 제작할 수 있다. 이미 상업적인 뮤직비디오 등 기존 영상 제작 환경에서 AI가 활용되고 있다.

정부 홍보 채널로서 유튜브는 단순한 정보 제공이나 정책 설득을 넘어, 재미와 흥미를 포함한 콘텐츠를 통해 메시지의 효율적 전달과 이용자의 주목도 및 만족도를 높이는 역할을 한다(김미강 외, 2019). AI는 이러한 요구에 부응하여 정책 내용의 전문성을 유지하면서도 흥미롭고 주목도 높은 영상을 제공할 수 있도록 지원한다.

AI 기반 영상 제작 과정은 다음과 같이 이루어진다. 정책 고객에게 알리고자 하는 정책 핵심 내용을

ChatGPT, Claude, Gemini, Grok과 같은 대규모 언어 모델에 영상 목적에 맞게 구성해 달라고 요청한다.

이 목적은 스토리보드나 콘티가 될 수 있겠다. 그리고 런웨이, 클링 AI 등을 활용하기 위해 스토리보드의 특정 장면을 생성해 달라는 프롬프트를 대규모 언어 모델에 요청하면 영상 생성형 AI에 최적화된 프롬프트를 제공해 주고, 이를 복사 및 붙여 넣기 하여 영상을 생성해 내면 된다. 영상 이미지가 마음에 들지 않는다면 이미지를 먼저 생성하고, 이미지를 영상화해 달라고 요청하면 된다. 영상 이미지는 미드저니 등을 통해 도출해 낼 수 있다. 이후 필요에 따라 편집 및 후보정 작업을 진행한다. 마지막으로 음성 AI 기술을 활용해 내레이션이나 배경 음악을 추가하면 된다. 아직까지 영상 생성 길이는 짧으나 스토리보드의 일관성을 유지하면서 장면별로 생성하여 하나로 편집한다면 충분히 공익 광고로 재탄생할 수 있다.

음성 및 사운드 콘텐츠의 혁신

정책 홍보 콘텐츠의 완성도를 높이는 데 음성과 사운드(sound) 요소도 중요한 역할을 한다. 음성 AI 생성 기술은 정책 홍보에서 다양한 형태의 오디오 콘텐츠 제작을 가능하게 한다.

음성 AI 기술은 텍스트를 자연스러운 음성으로 변환하여 내레이션, 내레이터 음성, 캐릭터 목소리 등을 제작할 수 있다. 이는 영상 콘텐츠의 내레이션, 팟캐스트(podcast), 오디오 가이드 등 다양한 형태의 정책 홍보 콘텐츠에 활용될 수 있다. 또한 오디오 AI 생성 기술은 배경 음악, 효과음, 테마 음악 등을 정책의 분위기와 목적에 맞게 제작할 수 있다. 실제로 스노 AI(Suno AI), 우디오 AI(Udio AI) 등의 도구들은 품질이 매우 뛰어나고 행사 음악, 캠페인 송(song) 등에 다양하게 활용 가능하며 여기에 창의성이 가미되면 저작권도 인정받을 수 있다.

음성 콘텐츠 제작에서 '전문성' 개념은 중요하게 고려되어야 한다(McCracken, 1989). 전문성은 정보 제공자가 이용자에게 전문적인 메시지를 전달할 수 있는 지식을 갖추고 있는 걸 의미한다. AI 음성 콘텐츠를 제작할 때, 정책의 전문성을 효과적으로 전달할 수 있는 적절한 목소리 톤, 말의 속도, 억양 등을 설정하는 것이 중요하다. 이는 정책 홍보의 신뢰성과 전문성을 강화하는 데 기여할 수 있다.

더불어 '신뢰성' 역시 AI 음성 콘텐츠 제작에서 중요한 요소다(오미현 · 김일, 2014). 신뢰성은 정보 제공자가 이용자에게 객관적이고 정직한 정보를 제공한다는 믿음과 확신을 의미한다. 음성 AI 콘텐츠를 통해 전달되는 정책 메시지가 신뢰성을 갖추기 위해서는 음성의 자연스러움과 진정성, 정보의 정확성과 객관성 등이 보장되어야 한다.

AI 기반 콘텐츠 제작의 실무적 고려 사항

AI를 활용한 정책 홍보 콘텐츠 제작에서는 몇 가지 실무적 고려 사항이 있다. 첫째, AI 도구의 특성과 한계를 정확히 이해해야 한다. 각 AI 도구는 고유의 강점과 약점을 가지고 있으며, 이를 고려한 적절한 활용 전략이 필요하다. 둘째, 저작권과 윤리적 문제를 고려해야 한다. AI가 생성한 콘텐츠라도 참고한 데이터나 스타일에 따라 저작권 문제가 발생할 수 있다. 또한 AI로 생성한 콘텐츠가 특정 개인이나 집단을 차별하거나 오해를 불러일으키지 않도록 주의해야 한다. 셋째, 콘텐츠 품질 관리가 중요하다. AI가 생성한 콘텐츠는 반드시 전문가의 검토와 수정을 거쳐야 한다. 특히 정책 내용 정확성, 메시지 적절성, 디자인 완성도 등을 꼼꼼히 확인해야 한다.

AI 기반 정책 홍보 콘텐츠의 미래

AI 기술의 발전은 정책 홍보 콘텐츠 제작의 새로운 가능성을 계속해서 열어 갈 것이다. AI 발전은 정책 홍보 콘텐츠에 창의적이고 흥미로운 요소를 더욱 효과적으로 가미해 주며, 이는 정책 메시지의 주목도와 전달력을 높이는 데 기여할 것이다.

미래의 AI 기반 정책 홍보 콘텐츠는 더욱 개인화되고 맥락화될 것으로 예상된다. AI는 정책 고객의 특성, 선호도, 미디어 이용 행태 등을 분석하여 각 개인에게 최적화된 맞춤형 콘텐츠를 제공할 수 있다. 또한 정책 환경과 사회적 맥락의 변화에 따라 콘텐츠를 최적화할 수 있어 정책 홍보의 적시성과 효과성을 크게 높일 수 있다. 그러나 이러한 기술 발전 속에서도 정책 홍보의 본질을 잊지 말아야 한다. 아무리 뛰어난 AI 도구라도 정책의 본질을 정확히 전달하고, 국민과 진정성 있게 소통하려는 노력이 뒷받침되지 않으면 진정한 의미의 정책 홍보는 이루어질 수 없다. AI는 이러한 소통을 더욱 효과적으로 만들어 주는 도구일 뿐 그 자체가 목적이 되어서는 안 될 것이다. 정책 홍보의 궁극적 목표는 국민과의 효과적인 소통을 통해 정책에 대한 이해와 참여를 높이는 것이며, AI는 이를 위한 보조적인 수단으로 활용되어야 한다.

참고문헌

김미강 외(2019). 브랜디드 콘텐츠 마케팅. ≪마케팅≫, 52-59쪽.

박현선 외(2022). OTT특성이 지각된 가치, 사용자만족 및 OTT 지속이용의도에 미치는 영향-쾌락적 혁신성 조절효과를 중심으로. ≪디지털융복합연구≫, 169-180쪽.

오미현·김일(2014). SNS 특성에 의한 패션제품 소비자태도가 구매의도 및 온라인구전에 미치는 영향. ≪한국패션디자인학회지≫, 101-120쪽.

McCracken, G.(1989). Who is the celebrity endorser? Cultural foundations of theendorsement process. *Journal of Consumer Research*, *16*, 310-321.

06
여론 분석 방식의 변화

정책의 성공적인 실행을 위해서는 정책 고객들의 반응을 정확하게 파악하는 것이 필수적이다. AI 발전은 정책 여론을 수집하고 분석하는 방식에 근본적인 변화를 가져오고 있다. AI를 활용한 정책 여론 분석의 새로운 방법과 가능성을 살펴본다.

AI와 야구?

정책 홍보를 위한 여론 분석의 중요성과 변화

정책 여론은 정책의 수립, 실행, 평가 과정에서 정책 고객들의 인식과 태도를 반영하는 중요한 지표다. 전통적으로 정책 여론 분석은 설문 조사, 심층 인터뷰(Focus Group Interview, FGI), 간담회, 정책 설명회 등을 통해 이루어져 왔다. 이러한 방식은 정책 고객들의 직접적인 의견을 수집할 수 있다는 장점이 있지만 시간과 비용이 많이 들고 표본의 대표성 확보가 어렵다는 한계가 있다.

정책 입안자와 정책 실무자들에게 정책 고객 반응은 정책 성패를 결정하는 핵심 요소다. 특히 정책 시행 전 단계에서는 이해 관계자들과의 충분한 소통이 필수적이다. 정책 설명회나 간담회를 통해 정책의 취지와 내용을 설명하고, 현장의 목소리를 청취하는 과정이 중요하다. 그러나 이러한 오프라인 중심 여론 수집 방식은 참여자의 범위가 제한적이고 변화하는 여론을 살펴보기 어렵다는 단점이 있다.

정부에 대한 신뢰는 정부가 제공하는 정보에 대한 신뢰와 직결된다(김종호 · 왕재선, 2016). 정부에 대한 신뢰도가 높으면 정부가 제공하는 정보를 신뢰하게 되지만 정부 신뢰도가 낮으면 정보를 신뢰하지 못하게 된다는 것이다. 이러한 맥락에서 정책 홍보를 위한 여론 분석은 단순히 정책 자체에 대한 의견을 수집하는 것을 넘어, 정부와 정책에 대한 전반적인 신뢰도와 인식을 파악하는 것까지 포함해야 한다.

빅데이터 기반 여론 분석의 등장과 한계

정책 여론 분석은 빅데이터 분석 도구가 등장하면서 첫 번째 변화를 맞이했다. 루시 2.0(Lucy 2.0), 한국언론진흥재단의 빅카인즈(BIG Kinds), 블랙키위(Black Kiwi), 섬트렌드(Sometrend) 등의 도구들은 온라인상의 다양한 여론 데이터에 대한 수집과 분석을 가능하게 했다. 이 도구들은 뉴스 기사, SNS 게시물, 블로그 포스트 등에서 정책 관련 키워드를 추출하고 긍정 및 부정 반응을 분석하며 주요 이슈를 도출할 수 있다.

인터넷 미디어 여론이 정책 수립 과정에 영향을 미친다는 사회적 인식이 있음에도 불구하고 이러한 여론이 정책 과정에 어떤 영향을 미치는지 또는 어떻게 수렴되고 있는지를 수치화한 연구는 찾기 어렵다(황의찬 · 우석진, 2022). 인터넷 미디어 여론은 뉴스 댓글, 국민 청원, 소셜 미디어 등과 같이 텍스트 형태로 존재하기 때문에 수치화하기 어려운 특성을 가지고 있다.

이러한 한계를 극복하기 위해 텍스트 마이닝(mining)

기법이 활용되기 시작했다. 텍스트 마이닝은 뉴스나 댓글과 같은 텍스트 정보를 수량화된 배열로 변환하여 정량적으로 분석하는 방법론이다. 기존 연구에서도 텍스트 마이닝 방법론을 통해 언론사들의 정치적 편향성에 대한 정량적인 분석이 시도된 바 있다(Groseclose & Milyo, 2005; Gentzkow & Shapiro, 2010).

빅데이터 분석 도구들은 정책 여론의 전체적인 흐름을 파악하는 데 유용하지만 여전히 몇 가지 한계점을 가지고 있다. 단순 키워드 분석이나 감성 분석에 머무르는 경우가 많아 여론의 맥락과 심층적 의미를 파악하는 데 한계가 있다. 또한 방대한 데이터 속에서 정책 홍보에 실질적으로 활용할 수 있는 통찰을 도출하는 것이 어렵다. 분석 결과의 해석과 활용이 분석가의 역량에 크게 의존한다는 점도 지적되어 왔다. 이러한 한계로 인해 빅데이터 분석 결과가 실제 정책 홍보 전략 수립에 효과적으로 활용되지 못하는 경우가 많았다.

AI 기반 여론 분석의 변화

생성형 AI의 등장은 정책 여론 분석에 혁신적인 변화를 가져오고 있다. 특히 대규모 언어 모델의 발전은 텍스트 데이터에 대한 심층적인 이해와 분석을 가능하게 한다.

AI는 단순한 키워드나 감성 분석을 넘어, 여론의 맥락과 흐름, 주요 논점과 쟁점을 파악할 수 있게 해 준다.

AI 기반 여론 분석의 주요 특징으로는 맥락적 이해와 분석 능력을 들 수 있다. AI는 단순한 키워드나 긍정적 혹은 부정적 분석을 넘어 텍스트의 맥락과 의미를 심층적으로 이해하고 분석할 수 있다. 예를 들어 같은 단어라도 사용된 문맥에 따라 다른 의미를 가질 수 있음을 파악할 수 있어 정책 담당자들이 정책 여론의 본질을 정확히 이해하는 데 도움을 준다. 또한 AI는 다양한 관점에서 여론을 분석할 수 있다. 정책에 대한 찬반뿐만 아니라 요구사항, 기대 효과 등 다양한 측면에서 여론을 파악할 수 있어 정책 홍보 전략을 수립하는 데 풍부한 통찰을 제공한다.

정책 고객을 상세하게 분석할 수 있는 점도 AI의 중요한 특징이다. AI는 정책 고객을 연령, 지역, 직업, 관심사 등 다양한 특성에 따라 세분화하여 분석할 수 있어 각 집단별 맞춤형 홍보 전략을 수립하는 데 유용하다. 더불어 AI는 시간 흐름에 따른 여론 변화를 체계적으로 분석할 수 있다. 정책 발표 전후의 여론 변화, 특정 사건이나 발언 이후의 여론 변화 등을 관찰하고 그 원인을 파악할 수 있어 정책 홍보의 효과성을 높이는 데 기여한다. 마지막으로 AI는 특정 정책과 관련된 다른 이슈들과의 연관성을 심층적으로 살펴볼 수 있다.

AI는 정책 홍보 담당자들에게 깊이 있는 여론 분석을 제공하고, 이를 바탕으로 보다 효과적인 정책 홍보 전략을 수립하는 데 일조한다. 특히 정책 홍보 담당자들이 전문적인 데이터 분석 지식 없이도 여론의 심층적 의미와 흐름을 파악할 수 있게 한다는 점에서 큰 의미가 있다.

정책 홍보를 위한 AI 활용의 실무 방안

정책 홍보 실무자들이 AI를 활용하여 여론을 분석하고 이를 정책 홍보 전략에 반영하는 구체적인 방안을 살펴볼 필요가 있다. 특히 일선 공무원들이 복잡한 시스템 구축 없이도 기존 도구와 AI를 연계하여 활용할 수 있는 실무적 접근이 중요하다.

정책 홍보 담당자들이 AI를 활용하여 여론을 분석하는 첫 번째 방법은 기존 빅데이터 도구와 AI의 결합이다. 루시 2.0, 빅카인즈, 블랙키위, 섬트렌드 등의 빅데이터 분석 도구를 통해 수집한 데이터를 AI에 입력하여 심층 분석을 의뢰할 수 있다. 예를 들어 빅카인즈를 통해 특정 정책 관련 뉴스 기사를 수집한 후, 이를 ChatGPT나 Claude와 같은 AI 도구에 입력하여 언론사의 주요 논점,

쟁점, 언론 동향 흐름 등을 요청할 수 있다. 이 과정에서 정책 홍보 담당자는 AI에게 "이 기사들이 언급하는 주요 쟁점은 무엇인가", "언론의 보도 논조는 변화하고 있나?", 정책에 대한 내용을 업로드하고 "정책 팩트 내용과 다른 점을 보도하는 기사가 있나?" 등을 물어보고 해명 자료를 준비한다든지 적극적으로 대응해 볼 수 있다.

두 번째 방법은 AI를 활용한 소셜 미디어 모니터링이다. Grok과 같은 AI 도구는 X의 데이터를 직접 분석할 수 있어 정책 관련 담론 흐름과 인플루언서(influencer)의 발언, 정책 고객 반응 등을 종합적으로 조사할 수 있다. 이는 정책 홍보 담당자들이 소셜 미디어상의 여론 동향을 신속하게 파악하고 대응할 수 있게 해 준다.

세 번째 방법은 AI를 활용해 정책을 발표하기 전, 정책이나 메시지 등에 대해 가상 반응을 AI에게 물어볼 수 있다. 예를 들어 "20~30대 젊은 세대는 이 정책 메시지에 어떤 반응을 보일 것 같나?", "이 메시지의 어떤 부분이 오해나 반발을 불러일으킬 수 있나?", "이 메시지를 어떻게 개선하면 효과적인가?" 등의 질문을 통해 정책 메시지의 효과성을 사전에 검증하고 개선할 수 있다. 이는 실제 정책 발표 전에 메시지의 문제점을 발견하고 수정할 수 있는 기회를 제공한다.

네 번째 방법은 AI를 활용한 주기적 여론 리포트 작성이다. 정책 홍보 담당자는 AI에게 특정 정책에 대한 여론 동향을 주기적으로 분석하고 요약하도록 요청할 수 있다. 예를 들어 Grok과 같은 AI 도구를 활용해 "지난 한 달간 이 정책에 대한 여론은 어떻게 변했나?", "주요 쟁점은 무엇인가?", "새로운 문제 사항이 발생했나?" 등 질문을 통해 정기적인 여론 동향 리포트를 작성할 수 있다. 이는 정책 담당자들이 여론 변화를 파악하고, 즉각적인 대응 전략을 수립하는 데 도움이 된다. 마지막으로 AI를 활용한 위기 대응 전략 수립이다. 정책 관련 위기 상황이 발생했을 때, AI는 위기의 원인과 성격을 분석하고, 효과적인 대응 전략을 제안해 줄 수 있다. 예를 들어 "이 정책 관련 예상되는 이슈는?", "이 정책 관련 부정적 여론 내용은?", "이러한 상황에서 가장 효과적인 메시지 전략은?", "가장 효과적인 채널 대응은?" 등의 질문을 통해 위기 대응 전략을 신속하게 수립할 수 있으며, 부처 또는 공공 기관에서 자체적으로 수립해 놓은 위기 대응 매뉴얼에 입각해 대응 방안을 요청하면 그 기준에 의거해 신속하게 결과물을 마련해 준다. 이를 통해 정책 홍보 담당자들이 위기 상황에서도 체계적이고 효과적으로 대응할 수 있도록 돕는다.

이러한 방법들은 일선 공무원들이 복잡한 시스템 구축 없이도 AI를 활용하여 여론을 분석하고 정책 홍보 전략에 반영할 수 있는 실무적 접근이다. 이는 정책 홍보의 효과성을 높이고, 정책 고객과의 소통을 강화하는 데 중요한 역할을 할 수 있다.

정책 홍보를 위한 여론 분석의 과제

AI를 활용한 여론 분석이 발전하면서 생각해 볼 문제들도 존재한다. 첫 번째는 데이터 대표성 문제다. 온라인상 여론이 전체 국민 의견을 얼마나 대표할 수 있는지, 그리고 소셜 미디어나 온라인 커뮤니티의 의견이 특정 집단에 편향되어 있지 않은지 신중하게 검토해야 한다. 물론 과거의 오프라인 여론 수집보다는 훨씬 진보된 상황이긴 하지만 대표성에서는 신중한 접근이 필요하다.

데이터 신뢰성도 중요한 문제다. 최근에는 가짜 계정이나 자동화된 봇(bot)을 통한 여론 조작 시도가 늘어나고 있어 데이터의 진정성을 어떻게 확보할 것인지가 중요한 문제로 떠오르고 있다. AI를 활용하여 가짜 여론을 식별하고 걸러 내는 방법을 고안해야 한다.

또한 AI 분석 결과의 해석과 활용 방식에 대한 고민도 필요하다. AI가 제시하는 분석 결과를 무조건 수용하기

보다는 정책 담당자들의 경험과 전문성을 바탕으로 한 비판적 검토가 필요하다. AI는 여론 분석을 위한 도구일 뿐 최종적인 정책 판단은 인간의 몫이라는 점을 잊지 말아야 한다.

AI 기술 발전은 정책 홍보를 위한 여론 분석을 고도화할 것이다. 특히 자연어 처리 기술의 발전은 더욱 정교한 여론 분석을 가능하게 할 것이다. 감정 분석, 맥락 이해, 숨은 의미 파악 등 AI의 분석 능력이 향상되면서 정책 고객들의 진정한 니즈와 우려 사항을 더욱 정확하게 파악할 수 있을 것이다.

또한 예측 분석의 정확도도 높아질 것으로 예상된다. AI는 과거 여론 데이터와 현재 상황을 종합적으로 분석하여 특정 정책에 대한 여론의 변화를 예측할 수 있다. 이는 정책 담당자들이 선제적으로 대응 전략을 수립하는 데 큰 도움이 될 것이다.

결국 AI를 활용한 여론 분석은 더 나은 정책 수립과 홍보 전략 실행을 위한 핵심 도구로 자리 잡을 것이다. 하지만 이는 어디까지나 정책 담당자들의 판단을 돕는 보조 수단일 뿐 정책의 본질적 가치와 방향성은 여전히 인간의 몫이다.

참고문헌

김종호·왕재선(2016). 정부신뢰와 정책반응 - Hirschman의 EVL(Exit, Voice & Loyalty) 개념의 적용 -: Government Trust and Policy Response - Application of Hirschman's Exit-Voice-Loyalty(EVL) Concept -. ≪Crisisonomy≫, 15-37쪽.

황의찬·우석진(2022). 납세자의 정서가 정부의 조세정책 결정에 미치는 영향. ≪법경제학연구≫, 229-263쪽.

Gentzkow, M. & Shapiro, J.(2010). What Drives Media Slant? Evidence from US Daily Newspapers. *Econometrica*, *78*, 35-71.

Groseclose, T. & Milyo, J.(2005). A Measure of Media Bias. *Quarterly Journal of Economics*, *120*, 1191-1237.

07
조직 문화 변화의 필요성

AI는 정책 기획부터 메시지 도출, 콘텐츠 제작, 여론 분석에 이르기까지 정책과 정책 고객 간의 소통을 더욱 효과적으로 만들어 주고 있다. 그러나 이러한 기술적 진보가 실제 정책 현장에 안착하기 위해서는 조직 문화의 근본적인 변화가 필요하다. AI 시대에 필요한 조직 문화 변화의 방향과 전략을 살펴본다.

AI와 윤동주?

관료제의 벽과 혁신의 어려움

"정책은 기술을 쫓아가지 못한다." 이는 필자가 공직에 있을 때 자주 들었던 말이다. 이 말은 단순히 정책이 기술 발전 속도를 따라가지 못한다는 의미를 넘어, 관료제 조직이 가진 근본적인 한계를 지적하는 것이다. 특히 AI와 같은 새로운 기술 도입은 기존 관료제의 위계적이고 보수적인 문화와 충돌하는 경우가 많다.

최근 필자가 진행한 공무원 대상 위기 대응 교육에서 있었던 일화는 이러한 현실을 잘 보여 준다. 한 사무관은 주무관들이 ChatGPT를 사용하는 것에 대해 강한 거부감을 표시했다. "너무 성의가 없어 보인다", "국민을 위한 정책을 알리는 방식을 공무원 스스로 고민하지 않는다"는 것이 그 이유였다. 이는 AI 도입을 둘러싼 세대 간, 직급 간 인식 차이를 단적으로 보여 주는 사례다.

공공 조직은 폐쇄적이고 경직된 문화로 인해 변화에 둔감하다는 비판을 받고 있다. 특히 기술 혁신에 대한 적응력이 낮아 민간 영역에 비해 혁신 속도가 느리다는 평가를 받는다. 이는 단순히 기술적 차원의 문제가 아니라 조직 문화와 관행, 그리고 구성원들의 인식과 관련된 복합적인 문제라고 할 수 있다.

인사 혁신은 공공 부문에서 혁신 추진과 관련해 가장

핵심적인 전략으로 꼽힌다(김선아 · 박성민, 2016). 이는 조직 변화가 결국 사람에 의해 이루어지며, 구성원들의 인식과 행동 변화 없이 기술 도입만으로는 진정한 혁신이 이루어질 수 없음을 시사한다.

현재 정부 및 많은 공공 기관에서는 AI와 같은 새로운 기술에 대한 접근이 제한적으로 이루어지고 있다. 보안 우려, 기존 업무 방식에 대한 고수, 변화에 대한 불안 등이 주요 원인이다. 그러나 이러한 접근은 AI가 불러올 수 있는 많은 혁신적 가능성을 놓치게 만든다. 특히 정책 홍보 분야에서 AI 활용은 정책 기획, 메시지 도출, 콘텐츠 제작, 여론 분석 등 다양한 영역에서 혁신을 가져올 수 있다.

변화의 필요성과 기회

AI 도입은 단순한 기술 혁신을 넘어 내부적으로 상당한 개선 효과를 낳을 수 있다. 특히 정책 홍보 분야에서 AI 활용은 예산 절감과 업무 효율성 향상이라는 두 가지 큰 이점을 제공한다. 외부 용역이나 대행사에 의존하던 많은 업무들을 내부에서 효율적으로 처리할 수 있게 되면서 절감된 예산을 정책 연구 개발이나 더 가치 있는 사업에 투자할 수 있다.

하지만 더 중요한 것은 AI가 가져올 업무 방식의 질적 변화다. 현재 많은 공무원들, 특히 실무를 담당하는 주무관들은 단순 반복적인 업무에 많은 시간을 할애하고 있다. AI 도입은 이들을 단순 업무로부터 해방시키고, 더 창의적이고 전략적인 업무에 집중할 수 있는 환경을 조성할 수 있다. 예를 들어 보도 자료 작성이나 기초적인 콘텐츠 제작은 AI의 도움을 받고, 공무원들은 정책의 본질적 가치를 고민하고 전달하는 데 더 많은 시간을 투자할 수 있다.

공공 조직이 혁신을 성공적으로 추진하기 위해서는 조직 문화의 변화가 필수적이다(이상철, 2012). 기존의 위계적이고 경직된 문화에서 벗어나 구성원들이 자율적이고 창의적으로 일할 수 있는 환경을 조성하는 것이 중요하다. 특히 여러 연구자들은 변화하는 환경에 민첩하게 대응할 수 있는 혁신적 조직 문화의 구축이 필요하다고 강조한다(김혜지 외, 2023; 박광국, 2019; 옥지호, 2020).

정책 홍보 분야에서 AI 도입은 이러한 조직 문화 변화의 시발점이 될 수 있다. 정책 홍보 기획 방식 변화(3장), 메시지 도출 방식의 혁신(4장), 콘텐츠 제작 방식 변화(5장), 그리고 여론 분석 방식 변화(6장)는 모두 조직의 업무 방식과 문화의 근본적인 전환을 요구한다.

세대 간 인식 차이 극복

현재 공공 조직에서 나타나는 AI 활용에 대한 세대 간, 직급 간 인식 차이는 자연스러운 현상이다. 디지털 네이티브(native) 세대인 젊은 공무원들, 공공 기관 실무자들에게 AI는 일상적인 도구인 반면, 기성세대 관리자들에게는 여전히 낯설고 불편한 존재일 수 있다. 중요한 것은 이러한 차이를 갈등의 원인으로 보는 것이 아니라 조직 혁신의 기회로 활용하는 것이다.

세대 간 인식 차이는 단순히 도구 활용 능력 차이를 넘어, 일하는 방식과 가치관의 차이에서 비롯된다. 젊은 세대는 효율성과 창의성을 중시하며, 디지털 도구를 통한 협업과 유연한 업무 방식을 선호한다. 반면 기성세대는 절차와 안정성, 깊이 있는 전문성을 중시하는 경향이 있다. 이러한 차이를 상호 보완적으로 활용할 때, 조직의 혁신 역량은 더욱 강화될 수 있다.

예를 들어 젊은 실무자들의 AI 활용 능력과 기성세대 관리자들의 풍부한 정책 경험이 결합된다면 더욱 효과적인 정책 홍보가 가능할 것이다. AI는 단순히 업무를 대체하는 도구가 아니라 세대 간 협업을 촉진하고 조직의 집단 지성을 높이는 매개체가 될 수 있다.

공공 조직의 혁신은 무엇보다 구성원 스스로가 변화를 주도하고, 조직의 성과 제고를 위해 적극적으로 참여하는 노력이 뒷받침되어야 한다(정준수 · 김문중, 2017). 특히 세대 간 협업을 통한 혁신은 조직 전체의 동력을 강화하는 효과가 있다. 이는 AI 도입 과정에서도 마찬가지다. 젊은 세대의 기술적 역량과 기성세대의 정책적 통찰력이 균형을 이룰 때, AI 기반 정책 홍보의 효과는 극대화될 수 있다.

새로운 조직 문화의 방향성

AI 시대에 맞는 조직 문화 혁신은 크게 세 가지 방향에서 이루어져야 한다. 첫째는 실험과 도전을 장려하는 문화를 조성해야 한다. 필자가 공직에 있을 때, 내부 아이디어 공모전을 통해 기관장상을 수상했는데 기관장상을 수상한 아이디어가 곧 내 업무가 되고, 기존 업무에 더해져서 무척 힘들었던 기억이 난다. 이처럼 현재 공공 조직의 가장 큰 문제점 중 하나는 실험과 도전을 장려하기 어려운 구조와 실패를 두려워하는 문화다. AI 활용 초기에는 시행착오가 있을 수 있다. 그러나 이를 실패로 규정하고 질책하기보다는 학습과 발전의 기회로 삼는 문화가 필요하다.

둘째는 수평적 협업 문화를 강화해야 한다. AI 시대의 업무는 더 이상 수직적 위계에 따른 일방향적 지시와 보고로 이루어질 수 없다. 다양한 직급과 부서의 구성원들이 AI라는 새로운 도구를 매개로 자유롭게 소통하고 협업하는 문화가 필요하다. 특히 정책 홍보 분야에서는 정책 담당자, 홍보 담당자, AI 프롬프팅 전문가 등이 유기적으로 협력할 수 있는 체계가 구축되어야 한다.

셋째는 지속적으로 학습할 수 있는 문화가 필요하다. AI 기술은 계속해서 발전하고 있으며, 이에 따라 필요한 역량도 지속적으로 변화한다. 따라서 모든 구성원이 계속 학습하고 성장할 수 있는 환경을 조성하는 것이 중요하다. 이는 단순한 기술 교육을 넘어, AI를 정책 홍보에 효과적으로 활용할 수 있는 전략적 사고와 창의적 역량을 키우는 것을 포함한다.

조직 구성원의 근본적인 행동을 변화시키기 위해서는 개인 · 조직 · 제도적 요인들을 종합적으로 고려해야 한다(조태준 · 박윤, 2020). 이는 AI 도입에 따른 조직 문화 변화에도 적용된다. 개인의 인식과 역량, 조직의 체계와 문화, 그리고 이를 뒷받침하는 제도와 시스템이 유기적으로 연계될 때 진정한 변화가 가능하다.

구성원의 역할 재정립

AI 시대에는 공공 조직 구성원들의 역할도 새롭게 정의되어야 한다. 관리자들은 AI 활용을 통제하는 감시자가 아니라 조직의 AI 활용 방향을 제시하고 구성원들의 혁신을 지원하는 조력자가 되어야 한다. 실무자들은 AI를 단순한 업무 보조 도구로 보는 것이 아니라 자신의 전문성을 높이고 창의적인 정책 홍보를 실현하는 파트너로 인식해야 한다.

기존 연구에 따르면 구성원의 역량이 높을수록 공공서비스의 질이 향상되는 것으로 나타났다(Liu, B., et al., 2008; Moynihan & Pandey, 2007). AI 시대에도 구성원의 AI 활용 역량은 정책 홍보의 질과 직결된다. 따라서 AI 활용 역량을 키우는 것은 단순한 기술 습득을 넘어, 더 나은 정책 홍보 서비스를 제공하기 위한 필수 요소라고 할 수 있다. 나아가 정책 홍보 담당자들은 AI가 제시하는 결과물을 비판적으로 검토하고, 정책의 맥락과 가치에 맞게 조정하며, 최종적인 결정을 내리는 역할을 수행해야 한다.

AI 도입을 위한 제도적 기반 구축

AI 활용을 위한 조직 문화 변화는 구체적인 제도적 기반

이 뒷받침되어야 한다. 첫째, AI 활용에 대한 명확한 가이드라인이 필요하다. 어떤 업무에 AI를 활용할 수 있는지, 보안이나 개인 정보 보호를 위해 어떤 점을 주의해야 하는지, AI가 생성한 결과물을 어떻게 검증하고 활용할 것인지 등에 대한 구체적인 기준이 마련되어야 한다.

둘째, AI 활용을 위한 인프라 구축이 필요하다. 현재 많은 공공 기관에서는 보안상 이유로 외부 AI 서비스 접근이 제한되어 있다. 이는 업무 효율성을 저해하는 요인이 되고 있다. 따라서 보안성이 검증된 내부 AI 시스템을 구축하거나 안전한 외부 AI 서비스 활용 방안을 마련해야 한다.

셋째, AI 활용 역량 강화를 위한 교육 프로그램의 체계화가 필요하다. 단순한 도구 사용법을 넘어, AI의 가능성과 한계를 이해하고 이를 정책 홍보에 효과적으로 활용할 수 있는 종합적인 역량 강화 프로그램이 마련되어야 한다. 특히 직급별, 세대별로 차별화된 교육 프로그램을 통해 모든 구성원이 AI 시대에 걸맞은 역량을 갖출 수 있도록 지원해야 한다.

넷째, AI 활용을 장려하는 인센티브 제도가 필요하다. AI를 활용한 업무 혁신 사례를 발굴하고 이를 포상하는 제도 등을 통해 구성원들의 적극적인 AI 활용을 독려할 수 있다. 이는 조직 전체의 AI 활용 문화를 확산시키는 계기가 될 수 있다.

구성원 역량 강화를 위한 체계적 접근

AI 시대의 공무원, 공공 기관 종사자에게 필요한 역량은 크게 세 가지 영역으로 나눌 수 있다. 첫째는 AI 리터러시(literacy)다. 이는 단순히 AI 도구를 사용하는 기술적 능력을 넘어, AI의 가능성과 한계를 이해하고 이를 업무에 적절히 활용할 수 있는 종합적 능력을 의미한다.

둘째는 비판적 사고와 창의적 문제 해결 능력이다. AI는 많은 업무를 자동화할 수 있지만 정책의 본질적 가치를 판단하고 전략적 방향을 설정하는 것은 여전히 인간의 몫이다. 따라서 AI가 제시하는 결과물을 비판적으로 검토하고, 이를 바탕으로 창의적인 해결책을 도출할 수 있는 능력이 필요하다.

셋째는 협업과 소통 능력이다. AI 시대에는 다양한 전문성을 가진 구성원들이 함께 일하는 경우가 많아진다. 따라서 서로 다른 배경과 관점을 가진 구성원들과 효과적으로 소통하고 협력할 수 있는 능력이 중요하다.

이러한 역량 강화를 위해서는 체계적인 접근이 필요하다. 우선 AI 활용 기초 교육과 같은 공통 역량 강화 프로그램을 마련해야 한다. 또한 정책 홍보 분야에 특화된 AI 활용 심화 교육을 통해 전문성을 강화할 수 있다. 더불어 실제 업무 현장에서 AI 활용 경험을 공유하고 발전시킬 수 있는 실습 중심 학습 체계를 구축해야 한다.

특히 중요한 것은 리더십 역량 강화다. 관리자들은 AI 활용의 방향성을 제시하고, 구성원들의 혁신을 지원하며, 조직 전체의 AI 활용 문화를 조성하는 역할을 해야 한다. 따라서 관리자들을 위한 맞춤형 AI 리더십 프로그램이 필요하다.

미래 지향적 조직 문화로의 전환

결국 AI 시대의 조직 문화 혁신은 단순한 기술 도입이나 업무 프로세스 변화를 넘어, 조직의 근본적인 가치와 운영 방식의 전환을 의미한다. 이는 위계와 통제 중심의 전통적 관료제에서 유연성과 창의성을 중시하는 미래 지향적 조직으로의 전환을 의미한다. 이러한 전환은 결코 쉽지 않은 과제이나 AI 시대의 급격한 변화 속에서 공공조직이 국민에 대한 책임을 효과적으로 수행하기 위해서는 피할 수 없는 과제이기도 하다.

미래 지향적 조직 문화의 핵심 요소는 유연성, 개방성, 혁신성, 협업성이다. 유연성은 급변하는 환경에 신속하게 대응할 수 있는 능력을 의미한다. 개방성은 새로운 아이디어와 기술, 방식을 적극적으로 수용하는 태도를 뜻한다. 혁신성은 기존의 방식을 넘어 더 나은 방법을 끊임없이 모색하는 자세를 가리킨다. 협업성은 다양한 배경과 전문성을 가진 구성원들이 효과적으로 협력하여 시너지를 창출하는 능력을 말한다.

조직 문화 전환을 위해서는 리더의 의지와 구성원들의 참여, 그리고 이를 뒷받침하는 제도적 기반이 필요하다. 리더는 변화 비전을 제시하고 구성원들이 안전하게 도전하고 혁신할 수 있는 환경을 조성해야 한다. 구성원들은 변화 주체로서 적극적으로 참여하며 자신의 역량을 지속적으로 개발해야 한다. 그리고 이러한 노력을 지원하는 제도와 시스템, 인프라가 구축되어야 한다.

중요한 것은 변화를 두려움의 대상이 아닌 발전 기회로 인식하고, 구성원 모두가 혁신 과정에 함께 참여하는 것이다. AI는 정책 홍보의 효율성과 효과성을 높이는 강력한 도구이지만 이를 제대로 활용하기 위해서는 조직 문화의 근본적인 변화가 이뤄져야 한다. 이는 기술 문제가 아닌 사람과 조직의 문제이기 때문이다.

참고문헌

김선아·박성민(2016). 정부 인사혁신 핵심가치 도출에 관한 연구: 제도· 사람· 문화혁신요소 분석을 중심으로. ≪한국행정연구≫, 175-219쪽.

김혜지 외(2023). 조직문화에 대한 인식이 혁신행동에 미치는 영향: 레드테이프(red-tape) 조절효과를 중심으로. ≪지방정부연구≫, 59-86쪽.

박광국(2019). 조직문화가 조직 효과성에 미치는 영향에 관한 연구-리더십의 조절효과를 중심으로. ≪한국자치행정학보≫, 1-22쪽.

옥지호(2020). 조직구성원 간 지각된 조직문화의 차이가 신입사원의 이직률에 미치는 영향. ≪경영교육연구≫, 117-141쪽.

이상철·권영주(2008). 경영성과 제고를 위한 공공기관의 조직문화유형 분석: 공익형 공공기관과 기업형 공공기관의 비교를 중심으로. ≪한국행정학보≫, 143-164쪽.

정준수·김문중(2017). 조직문화와 혁신행동이 직무만족에 미치는 영향-지식공유의 조절효과를 중심으로. ≪글로벌경영학회지≫, 151-179쪽.

조태준·박윤(2020). 적극행정에 대한 평가와 발전방안 연구. ≪한국인사행정학회보≫, 223-244쪽.

Liu, B., et al.(2008). Public service motivation and job satisfaction in China: An investigation of generalisability and instrumentality. *International Journal of Manpower, 29*, 684-699.

Moynihan, D. & Pandey, S.(2007). The role of organizations in fostering public service motivation. *Public administration review, 67*, 40-53.

08
AI 활용과 윤리적 과제

정책 홍보에서 AI 활용은 효율성과 효과성을 크게 높일 수 있는 기회를 제공하지만 동시에 중요한 윤리적 과제들을 제기한다. AI 기반 정책 홍보의 혁신 가능성을 실현하기 위해서는 윤리적 문제들을 체계적으로 검토하고 대응 방안을 마련해야 한다. 정책 홍보에서 AI 활용 시 고려해야 할 윤리적 쟁점들을 살펴본다.

AI와 한의학?

정책 홍보와 AI 윤리의 접점

정책 홍보는 공공성과 신뢰성이 무엇보다 중요한 요소다. AI를 활용한 정책 홍보는 기술적 효율성 못지않게 윤리적 타당성을 확보해야 한다. 특히 공공 부문의 특성상 보안, 개인 정보 보호, 공정성, 투명성 등 다양한 윤리적 요구 사항을 충족해야 한다.

지안마르코 베루지오(Gianmarco Veruggio)는 AI 윤리를 "로봇 혹은 기타 인공지능을 설계, 제작, 사용 시 지켜야 할 도덕 규칙"으로 정의했으며, 인공지능의 상용화가 빨라지면서 범국가적 차원에서 관심이 높아지고 있다고 주장했다(Veruggio, 2006). 특히 AI 활용이 점차 확대되면서 개발자, 공급자, 사용자 측면에서 지켜야 할 행동 규범들을 포함하는 AI 윤리에 대한 논의가 활발하게 진행되고 있다.

이러한 AI 윤리 논의는 정책 홍보 영역에서도 중요한 의미를 갖는다. 정책 홍보는 국민 혹은 정책 고객과의 소통 채널로서 정부 신뢰의 핵심 요소이기 때문이다. 정책 홍보 기획, 메시지 도출, 콘텐츠 제작, 여론 분석 등 정책 홍보의 모든 과정에서 AI를 활용할 때 윤리적 고려 사항이 수반되어야 한다.

AI 윤리가 단순히 로봇이나 기계의 책임을 강조하는

기계 윤리에서 개발자와 사용자의 윤리로 변화하고, 나아가 AI가 활용되는 산업 분야별 윤리로 발전되어야 한다(허유선 외, 2020). 이는 정책 홍보라는 특수한 영역에서 AI 윤리 기준이 필요함을 시사한다.

정책 홍보 과정에서 발생할 수 있는 윤리적 쟁점은 크게 네 가지 차원으로 구분할 수 있다. 첫째, 데이터 활용 문제다. AI 학습을 위해 사용되는 데이터가 저작권이나 개인 정보 보호 규정을 위반하지 않는지, 또는 민감한 정부 자료가 부적절하게 활용되지 않는지 세심한 주의가 필요하다. 둘째, AI 생성 콘텐츠의 진정성 문제다. AI가 생성한 정책 홍보 콘텐츠가 얼마나 진실성과 신뢰성을 담보할 수 있는지, 그리고 이를 어떻게 검증하고 관리할 것인지에 대한 고민이 필요하다. 특히 생성형 AI의 경우에 때때로 사실과 다른 내용을 생성하거나 편향된 관점을 제시할 수 있다는 점에 유의해야 한다. 셋째, 공공성과 투명성 문제다. 정책 홍보에서 AI를 활용할 때 AI 활용 사실을 정책 고객들에게 어떻게 공개하고 설명할 것인지가 중요한 과제다. AI가 생성한 콘텐츠라는 사실을 명시해야 하는지, 혹은 AI의 개입 정도를 어떻게 표시해야 하는지 등에 대한 명확한 기준이 필요하다. 넷째, 책임성 문제다. AI가 생성한 정책 홍보 콘텐츠에서 오류나 문제가 발생했을 때, 그 책임을 어떻게 귀속시킬 것인지, 그리고 이를 어떻게 시정할 것인지에 대한 체계적인 대응 방안이 마련되어야 한다. 특히 정책 홍보는 공적 영역에 속해 이러한 책임성 문제는 더욱 중요하게 다루어져야 한다.

국내외 AI 윤리 준칙과 정책 홍보에서의 적용

주요 국가와 국제기구들은 AI 윤리에 관한 다양한 가이드라인과 원칙을 발표하고 있다. 이러한 원칙들은 정책 홍보에서 AI를 활용할 때 중요한 참고가 될 수 있다.

OECD(Organization for Economic Cooperation and Development, 경제개발협력기구)는 2019년 'AI 권고안(OECD Principles on AI)'을 발표했다. 이 권고안은 '지속 가능한 개발을 가능하게 하고 사람과 지구를 이롭게 하여야 한다', '공정하고 정의로운 사회를 위해 노력하여야 한다', '투명하고 책임감이 있어야 한다', '지속적인 평가와 관리 아래 있어야 한다', '인공지능을 운영하는 기관은 책임감 있게 관리를 하여야 한다' 등의 내용을 포함하고 있다. 이러한 원칙들은 정책 홍보에서 AI를 활용할 때도 기본 지침이 될 수 있다.

유럽로봇연구연합(European Robotics Research

Network, EURON)은 '로봇 윤리 로드맵'을 발표했다. 이 로드맵은 로봇 개발자를 위한 13개 원칙을 담고 있는데 인간의 존엄과 인권, 평등, 정의, 형평, 이익과 손해, 문화적 다양성을 위한 존중, 차별과 낙인화 금지, 자율성과 개인의 책무성, 주지된 동의, 프라이버시, 기밀성, 연대와 협동, 사회적 책무, 이익 공유, 지구상 생물에 대한 책임으로 구성되어 있다(EURON, 2007). 이 원칙들은 정책 홍보에서 AI를 활용할 때 인간 중심의 접근이 얼마나 중요한지를 상기시킨다.

EU는 인공지능이 다양한 연령대의 구성원들이 겪고 있는 사회 문제들을 어떻게 해결하는지에 관한 실제 예시를 제공하고 있다(이은경, 2020). 이는 정책 홍보에서도 AI의 활용과 그 윤리적 함의를 국민들에게 이해하기 쉽게 전달할 필요가 있음을 시사한다.

미국의 전기전자공학자협회(Institute of Electrical and Electronics, IEEE)는 '윤리 지향적 설계(Ethically Aligned Design)'를 발표했다. 주요 내용은 인간 가치에 대한 존중을 우선시하는 인공지능이 제작되어야 하고, 제작 과정에서 인권을 보호하며, 인간의 행복 증진을 위해 설계되어야 한다고 강조한다. 또한 사용자가 인공지능으로부터 데이터에 접근 · 보호 · 통제 권한을 가져야 하며, 목적에 맞게 작동되어야 하고, 의사 결정 과정은 투명하게 공개되며 명확한 근거를 제공할 수 있어야 한다고 제시한다. 그리고 인공지능의 오용 가능성을 막기 위해 안전하고 효과적인 지식과 기술을 보유해야 한다고 강조한다.

이러한 국내외 AI 윤리 준칙들은 정책 홍보에서 AI를 활용할 때 고려해야 할 기본 원칙으로 활용될 수 있다. 그러나 정책 홍보라는 특수한 영역의 특성을 고려한 보다 구체적인 윤리 지침이 필요하다. AI 기반 정책 홍보의 다양한 응용 분야에서 발생할 수 있는 윤리적 문제와 쟁점을 체계적으로 대응할 수 있도록 해야 한다.

윤리적 문제에 대한 대응 방안

AI 활용에 따른 윤리적 문제들에 대응하기 위해서는 체계적인 접근이 필요하다. 특히 정책 홍보 영역에서는 공공성과 책임성이 더욱 강조되기 때문에 보다 엄격한 윤리적 기준과 절차가 요구된다.

우선 법적, 제도적 차원에서 AI 활용에 대한 명확한 가이드라인이 마련되어야 한다. 이는 저작권법, 개인정보보호법 등 관련 법령을 검토하고, AI 활용에 대한 구체적인 기준을 수립하는 것을 포함한다. 특히 정부 자료의 AI

활용과 관련해서는 더욱 엄격한 기준이 필요하다. 대외비 자료나 민감한 정책 정보가 AI 학습 데이터로 활용되는 걸 방지하는 보안 체계가 구축되어야 한다. 또한 AI가 학습할 수 있는 정부 자료의 범위와 수준을 명확히 규정하고 이를 철저히 관리해야 한다.

정책 홍보 기획 과정에서 AI를 활용할 때는 정책의 본질과 가치가 왜곡되지 않도록 주의해야 한다. AI는 기존 정책 홍보 사례를 학습하여 새로운 기획안을 제시할 수 있지만 이 과정에서 정책의 핵심 가치나 방향성이 변질될 수 있다. 따라서 AI가 제시한 기획안을 검토하고 조정하는 인간 전문가의 역할이 중요하다. 메시지 도출 과정에서는 AI가 생성한 메시지의 정확성과 적절성을 검증하는 절차가 필수적이다.

특히 정책 메시지는 법적, 정치적으로 민감한 내용을 포함할 수 있기 때문에 AI가 생성한 메시지에 오류나 부적절한 표현이 있는지 철저히 검토해야 한다. 또한 메시지가 특정 집단에 편향되거나 차별적이지 않은지 확인하는 과정도 필요하다. 콘텐츠 제작 과정에서는 AI 생성 콘텐츠의 품질 관리가 중요한 과제다. 정책 홍보 콘텐츠는 정확성과 신뢰성이 무엇보다 중요하기 때문에 AI가 생성한 콘텐츠에 대한 체계적인 검증 절차가 필요하다.

이는 사실 확인, 전문가 검토, 법률 검토 등을 포함한다. 또한 AI가 생성한 이미지, 영상, 음성 등의 콘텐츠가 저작권이나 초상권을 침해하지 않는지 확인하는 과정도 중요하다.

여론 분석 과정에서는 데이터 수집과 분석의 윤리성이 중요하다. AI를 활용하여 소셜 미디어나 온라인 커뮤니티의 여론을 분석할 때, 분석 결과가 특정 집단의 의견을 과대 또는 과소 대표하지 않도록 데이터의 대표성과 공정성을 확보해야 한다. 조직 문화 변화와 관련해서는 AI 윤리에 대한 인식을 제고하고 윤리적 활용 역량을 강화하는 교육 프로그램이 필요하다. 정책 홍보 담당자들이 AI의 윤리적 함의를 이해하고, 윤리적 판단을 내릴 수 있는 역량을 갖추도록 지원해야 한다.

AI 투명성 확보를 위한 제도적 장치

정책 홍보에서 AI 활용의 투명성을 확보하는 것은 매우 중요하다. 이를 위해서는 AI 활용 범위를 공개할 필요가 있다. 예를 들어 AI가 생성한 정책 홍보 콘텐츠에는 AI 활용 사실과 범위를 명시하고, 인간이 개입한 정도를 투명하게 공개하는 방안을 고려할 수 있다.

또한 AI 활용의 의사 결정 과정을 문서화하고 보관하

는 시스템도 필요하다. 이는 추후 발생할 수 있는 문제나 이의 제기에 대응하기 위해서다. 특히 정책 홍보는 공적 영역이므로 이러한 기록 관리의 중요성이 더욱 크다고 할 수 있다.

이러한 투명성 확보 노력은 정책 고객들의 AI 활용에 대한 이해와 신뢰를 높이는 데도 기여할 수 있다. AI가 정책 홍보에 어떻게 활용되고 있으며, 어떤 과정을 거쳐 콘텐츠가 생성되고 있는지를 국민들에게 투명하게 공개함으로써 AI 활용의 정당성과 신뢰성을 확보할 수 있다. 특히 정책 홍보에서는 AI가 정책 내용을 왜곡하거나 오해하게 만들지 않도록 하는 것이 중요하다. 이를 위해 AI가 생성한 콘텐츠에 대한 팩트 체크도 중요하다고 할 수 있겠다.

AI 기반 정책 홍보를 위한 협력적 거버넌스의 필요성

AI 활용의 윤리적 과제들은 단일 기관이나 부서의 노력만으로는 해결하기 어렵다. 따라서 다양한 이해관계자들이 참여하는 협력적 거버넌스(governance)가 필요하다. 이는 정부 부처 간 협력, 공공-민간 협력 등 다양한 차원에서 이루어질 수 있다.

정부 부처 간 협력은 AI 윤리 정책과 지침의 일관성을 확보하고, 각 부처의 경험과 노하우를 공유하는 데 중요하다. 특히 행정안전부 등 AI 윤리와 관련된 법 제도를 담당하는 부처, 문화체육관광부 등 정책 홍보를 주관하는 부처, 과학기술정보통신부 등 디지털 혁신을 추진하는 부처 등이 긴밀히 협력하여 통합적인 접근을 해야 한다.

공공-민간 협력은 AI 기술의 발전과 윤리적 활용을 균형 있게 추진하는 게 중요하다. 특히 AI 개발 기업, 윤리 전문가, 시민 사회 등 다양한 이해관계자들이 참여하여 AI 윤리의 방향성과 구체적인 기준을 함께 모색할 필요가 있다. 이는 정책 홍보에서 AI 활용의 혁신성과 윤리성을 동시에 확보하는 데 기여할 수 있다.

결론적으로 AI를 활용한 정책 홍보의 윤리성 확보는 지속적인 관심과 노력이 필요한 과제다. 이는 단순히 규제나 제한을 강화하는 것이 아니라 AI의 긍정적 활용 가능성을 최대화하면서도 공공성과 윤리성을 담보할 수 있는 균형 잡힌 접근이 필요하다. 이러한 노력이 있을 때, AI는 진정으로 정책 홍보의 혁신을 이끄는 도구가 될 수 있을 것이다.

참고문헌

이은경(2020). 국내외 초·중등학교 인공지능 교육과정 분석. ≪컴퓨터교육학회 논문지≫, 37-44쪽.

허유선 외(2020). 인공지능 윤리와 로봇 윤리, 차이와 연속성-모두의 윤리로서 인공지능 윤리를 향하여-. ≪철학·사상·문화≫, 41-72쪽.

EURON(2007). 『The EURON Roboethics Roadmap』. EURON.

OECD(2019). OECD AI Policy Observatory, https://oecd.ai

Veruggio, G.(2006). The EURON Roboethics Roadmap. *In Proceedings of the 2006 6th IEEE-RAS International Conference on Humanoid Robots,* 612-617.

09
AI 기반 정책 홍보를 위한 혁신 사례

국내외 공공 기관과 민간 기업은 생성형 AI를 행정과 홍보에 적극 도입하고 있으며, 이는 정책 홍보의 혁신 가능성을 보여 준다. AI는 예산 절감, 맞춤형 콘텐츠 제작, 행정 효율화 등 다양한 측면에서 활용되고 있다. 정책 홍보에 AI를 효과적으로 도입하려면 단계적 접근과 함께 정책 담당자의 AI 리터러시 및 프롬프트 역량 강화가 필수적이다. AI는 단순한 자동화 도구를 넘어 창의성과 전략을 강화하는 핵심 파트너가 될 수 있다.

AI와 화장품?

국내 기업의 AI 활용 광고 캠페인 사례

민간 기업들은 이미 생성형 AI를 마케팅과 광고 활동에 적극적으로 도입하고 있다. 이러한 혁신 사례들은 정책 홍보 분야에도 중요한 시사점을 제공한다.

LG 유플러스는 자체 개발한 AI '익시(Exhie)'를 활용하여 국내 최초로 100% AI가 제작한 광고를 선보였다. 이 광고는 제작비를 40% 절감하고 제작 기간을 70% 단축하는 효과를 가져왔다.

서울우유는 A2+ 우유 광고에서 AI 딥페이크(deep fake) 기술을 사용하여 배우 박은빈의 아역 모델들을 AI로 구현하였다. 성장 단계별 이미지를 자연스럽게 연결하여 제품의 '성장기 영양' 메시지를 효과적으로 전달한 사례다.

농심은 '데이플러스 포스트바이오틱스(dayplus post biotics)' 광고 캠페인에서 AI 이미지 생성 기술을 활용하여 영상을 제작했다. 특히 짧은 시간 안에 메시지를 전달하기 위해 스피드업(speed up) 효과를 적용하여 2030 세대를 타깃으로 친근하게 다가가는 전략을 구사했다. 더불어 농심은 임직원들을 대상으로 AI를 이용한 콘텐츠 공모전을 개최하여 AI에 대한 관심을 높이는 노력도 병행했다.

기업들의 생성형 AI를 활용한 광고 캠페인 사례는 정책 홍보 영역에서 예산 절감, 타깃 맞춤형 콘텐츠 기획 및 제작 등 전략적 대응이 가능하다는 것을 시사한다(소마코, 2024.06.11).

국내 공공 기관의 AI 활용 사례

국내 공공 기관들도 점차 AI를 행정 업무에 도입하는 시도들을 진행하고 있다. 아직 정책 홍보에 특화된 활용 사례는 제한적이나 행정 효율화와 민원 대응 측면에서 주목할 만한 혁신 사례들이 나타나고 있다.

경상북도와 경북원구원은 자체 개발한 생성형 AI 챗경북(ChatGB)을 통해 직원들의 행정 업무 지원 서비스를 시작했다. 행사 계획서 한 장으로 보도 자료 초안을 작성하기도 하고, 기획 보고서 100장 이상을 요약해서 사업 건의서 초안을 만드는 기능도 있다. 이는 정책 홍보 담당자들의 업무 부담을 줄이면서 정책에 대한 품질을 높일 수 있는 계기가 된다(오주석, 2024.06.13).

한국남부발전은 코난테크놀로지(Konan technology)와 함께 41억 원 규모의 생성형 AI 시스템을 구축하여 사내 업무 지능화, 서비스 자동화, 업무 생산성 극대화를 시도하고 있다. 텍스트와 이미지 생성이 가능한 생성형

AI 시스템 구축, 공공 기관 공통 분야와 발전 분야에 대한 지식 수집 및 학습, 한국어에 기반한 생성형 AI의 보고서 작성, 요약, 번역, 분석 및 코딩까지 다양한 영역을 포함한다. 이는 기관 관련 자료와 내부 지식을 AI가 학습하여 활용할 수 있는 기반을 마련했다는 점에서 의의가 있다. 이러한 시스템은 정책 자료의 효율적 정리와 활용에도 응용될 수 있다(송은정, 2024.06.26).

국외 공공 기관의 AI 활용 사례

해외 공공 기관들은 이미 AI를 행정 업무와 커뮤니케이션에 적극적으로 도입하고 있다. 호주 공공 서비스(Australian Public Service, APS)는 2024년 1월부터 6월까지 마이크로소프트 365 코파일럿(Microsoft 365 Copilot)의 시범 운영을 진행하였다. 이 시범 운영에는 60개 이상의 APS 기관에서 7600명의 직원이 참여하였으며, Copilot을 통해 문서 요약, 초안 작성, 정보 검색 등의 작업에서 하루 최대 1시간의 시간을 절약할 수 있었다. 참여자의 86%는 Copilot의 지속적인 사용을 희망하였고, 77%는 이 기술에 대해 긍정적인 전망을 보였다(Puthucode, 2024).

이는 AI 도구가 공공 기관 담당자들의 업무 효율성을

크게 높일 수 있음을 보여 주는 사례다. 문서 작성과 정보 검색 등 행정 업무의 효율화는 정책 홍보 담당자들의 핵심 업무에 더 집중할 수 있는 여건을 마련해 준다는 점에서 중요한 의미를 갖는다.

AI 관련 국내 공모전

공모전은 현재의 트렌드를 살펴볼 수 있는 지표이기도 하다. 씽굿의 조사에 따르면, 2024년 1월부터 9월 9일까지 '인공지능' 또는 'AI'를 주제로 한 공모전이 총 97건 개최되었다. 특히 중앙 정부 기관(27건), 학교 · 재단 · 협회(22건), 중소벤처기업(17건), 지자체(13건) 등 다양한 주체들이 AI 공모전을 주최했다. 이는 AI에 대한 사회적 관심과 활용 의지가 높아지고 있음을 보여 준다.

공모전 분야별로는 게임 · 소프트웨어(22건), 기획 · 아이디어(18건), 대회(16건), 과학(11건), 디자인(8건) 등 다양한 영역에서 AI 활용이 시도되었다. 이러한 다양성은 AI가 여러 분야에서 창의적 도구로 활용될 수 있음을 시사하며, 정책 홍보에서도 다양한 형태의 혁신이 가능함을 보여 준다.

사례를 통한 시사점

앞서 살펴본 사례들을 바탕으로 정책 홍보에 AI를 도입하기 위한 전략적 접근을 생각해 볼 수 있다. 첫째, 단계적 도입 전략이 필요하다. 초기에는 AI를 보조적 도구로 활용하여 업무 효율성을 높이고, 점차 그 범위와 수준을 확대해 나가는 접근이 효과적이다.

둘째, 조직 내부와 외부의 전문성을 결합하는 전략이 필요하다. 정책 담당자의 전문성과 AI 전문가의 기술적 지식을 결합하여 정책의 본질을 유지하면서도 기술의 장점을 최대한 활용하는 접근이 중요하다.

더불어 민간 기업의 AI 활용 사례는 정책 홍보에 창의적 접근 방식을 제시한다. LG 유플러스의 AI 제작 광고와 같은 혁신적 접근은 정책 홍보에도 응용 가능한 모델이다. 반면, 공공 부문의 AI 활용 사례는 정책의 공공성과 책임성을 유지하면서 AI를 활용하는 방법을 보여 준다. 물론 정책 홍보에서 AI 활용의 혁신을 위해서는 정책 담당자들의 인식 변화와 역량 강화가 필수적이다. AI를 단순한 업무 자동화 도구가 아닌 정책 홍보의 효과성과 창의성을 높이는 파트너로 인식하는 관점의 전환이 필요하다. 이를 위해 정책 홍보 담당자들을 대상으로 한 AI 리터러시 교육과 실습 기회가 제공되어야 한다. 특히 프롬프트 엔지니어링 역량은 AI를 효과적으로 활용하기 위한 핵심 역량이다. 정책 내용을 AI에게 정확히 전달하고, 원하는 형태의 콘텐츠와 분석 결과를 도출해 내는 능력을 강화해야 한다.

참고문헌

소마코(2024.06.11). 이게 AI로 만든 광고였다고? 생성형 AI를 활용한 광고, https://socialmkt.tistory.com/1299

송은정(2024.06.26). 코난테크놀로지, 한국남부발전과 41억원 규모 생성형AI 구축 및 학습용역 사업 계약. 뉴스핌, https://www.newspim.com/news/view/20240626000649

오주석(2024.06.13). '챗경북' 활용 사업건의서 초안 '뚝딱'. ≪영남일보≫.

이동조(2024.09.25). '생성형 AI공모전' 올해 총 97건 이상 개최!, 씽굿, https://www.thinkcontest.com/thinkgood/user/lab/strategy-statistics.do?mode=view&articleNo=61194&article.offset=0&articleLimit=10#!/list

Puthucode, V.(2024). Microsoft 365 Copilot delivers productivity gains with Australian public servants, https://news.microsoft.com/en-au/features/microsoft-365-copilot-delivers-productivity-gains-with-australian-public-servants/

10
정책 홍보의 발전을 위한 선택

AI 기술 발전은 정책 홍보의 기획, 메시지 도출, 콘텐츠 제작, 여론 분석 등 전 영역에 혁신적 변화를 가져오고 있다. 그러나 이러한 기술적 가능성을 정책 홍보 현장에 효과적으로 도입하기 위해서는 체계적이고 단계적인 접근이 필요하다. 정책 홍보에 AI를 도입하기 위한 단계별 전략과 우선순위 설정 등을 제시하고자 한다.

종교와 AI?

AI 도입의 단계적 접근

정책 홍보에 AI를 도입하는 과정은 일회성 이벤트로 끝나서는 안 되며 체계적이고 단계적으로 접근해야 한다.

첫 번째는 AI 기술에 대한 이해와 기초적인 활용 역량을 구축하는 단계다. 이 단계에서는 정책 홍보 담당자들이 생성형 AI의 특성과 가능성을 이해하고, 기본적인 활용 방법을 익히는 데 중점을 둔다. 특히 ChatGPT, Claude, Gemini, Grok 등 대규모 언어 모델의 기본 기능과 활용법, 프롬프트 작성 방법 등을 학습하는 것이 중요하다.

공공 조직의 혁신 과정에서 구성원들의 역량 강화가 선행되어야 하는데 AI를 활용한 정책 홍보 혁신에서도 담당자들의 역량 강화가 선행되어야 한다. 이 단계에서는 기초적인 AI 리터러시 교육과 정책 자료 요약이나 단순 문서 작성과 같은 기초적인 업무에 AI를 시범적으로 활용해 보는 것이 효과적이다. 또한 부서 내에서 AI 활용 사례를 공유하는 시간을 정기적으로 도입하여 구성원들의 참여와 관심을 유도할 필요가 있다.

두 번째는 AI 활용 범위를 확장하고 실제 정책 홍보 업무에 적용하는 단계다. 이 단계에서는 정책 메시지 도출, 콘텐츠 기획, 타깃 그룹 설정 등 보다 복잡한 업무에 AI

를 적용하기 시작한다.

정책 홍보의 전략적 특성을 고려할 때, 이 단계에서는 AI를 단순한 활용 도구가 아닌 전략적 지원 도구로 활용하는 방식이 중요하다(전형준 외, 2015). 정책 메시지 기획 및 도출 과정에 AI를 적극적으로 활용하고, 다양한 정책 고객별 맞춤형 콘텐츠 제작에도 AI를 적용해 볼 수 있다. 조직 내에서 AI 활용을 위한 가이드라인을 개발하고, 성과를 측정하는 것도 이 단계에서 중요하다.

세 번째는 AI 활용을 고도화하여 정책 홍보의 변화를 이끌어 내는 단계다. 홍보의 관계성 패러다임에 따르면 정책 홍보는 단순한 정보 전달이 아닌 정책 고객과의 관계 구축을 목표로 해야 한다(신호창 외, 2011). 이 단계에서는 AI를 활용하여 이러한 관계성을 강화하는 방향으로 활용 전략을 고도화해야 한다. AI 기반 여론 분석을 통해 선제적 정책 홍보 전략을 수립하고, 정책 고객별 초개인화된 커뮤니케이션 체계를 구축하며, 통합적 정책 홍보 콘텐츠 제작 역량을 확보해야 한다. 또한 AI 활용 성과 지표를 설정하고, 지속적으로 개선하는 방향으로 나아가야 한다.

정책 홍보 영역별 AI 도입 우선순위

정책 홍보에 AI를 도입할 때는 모든 영역에 동시에 적용하기보다 우선순위를 설정하여 단계적으로 접근하는 것이 효과적이다. 1순위는 정책 콘텐츠 기획 및 제작 영역이다. 이 영역에서 AI는 보도 자료 작성, 카드 뉴스 기획, 정책 설명 자료 제작 등 다양한 콘텐츠 제작 과정에 활용될 수 있다. 특히 복잡한 정책 내용을 다양한 정책 고객의 특성에 맞게 변환하는 데 효과적이다.

정책 콘텐츠에서는 정보의 정확성과 함께 콘텐츠의 소비 맥락도 중요한 고려 요소다(김미강 외, 2019). AI는 동일한 정책 내용을 다양한 맥락과 형식으로 재구성할 수 있어 다양한 채널을 통해 효과적으로 활용될 수 있다. 초기에는 기본 정책 자료의 요약이나 간단한 콘텐츠 변환과 같은 비교적 단순한 작업부터 시작할 수 있다. 예를 들어 보도 자료의 초안을 작성하거나 길고 복잡한 정책 문서를 요약하는 데 AI를 활용할 수 있다. 이러한 경험을 바탕으로 점차 정책 고객별 맞춤형 콘텐츠 기획과 제작으로 활용 범위를 확장할 수 있다. 예를 들어 청년층, 중장년층, 노년층 등 세대별로 차별화된 카드 뉴스를 기획하거나 이해관계 혹은 지역별 특성에 맞는 정책 설명 자료를 제작하는 데 AI를 활용할 수 있다.

더 나아가 AI 활용이 고도화되면 텍스트, 이미지, 영상이 결합된 정책 콘텐츠를 통합적으로 제작하는 것도 가능해진다. 이는 다양한 미디어 환경과 정책 고객의 미디어 소비 습관 변화에 효과적으로 대응할 수 있는 중요한 역량이 될 수 있다.

2순위는 정책에 대한 여론을 모니터링하고 분석하는 영역이다. 이 영역에서 AI는 소셜 미디어, 뉴스, 커뮤니티 등 다양한 채널의 데이터를 수집하고 분석하여 정책에 대한 국민의 인식과 태도를 파악하는 데 활용될 수 있다.

여론 분석에서도 AI 활용의 단계적 접근이 필요하다. 초기에는 키워드 기반의 정책 관련 여론 모니터링부터 시작할 수 있다. 특정 정책과 관련된 주요 키워드의 언급 빈도, 매체별 분포, 시간대별 변화 등을 빅데이터를 통해 분석하는 것이다. 이후에는 Grok 등 인공지능을 활용해 해당 내용에 대한 질적 내용에 대한 심층적 분석, 선제적 대응 전략을 마련하는 단계로 나아가야 한다. 이는 정책 홍보가 사후적 대응에서 벗어나 선제적이고 전략적인 접근으로 전환하는 데 중요한 역할을 할 수 있다.

3순위는 정책 커뮤니케이션 전략을 수립하는 영역이다. 이 영역에서 AI는 정책 고객의 특성과 여론 분석 결과를 바탕으로 최적의 정책 홍보 전략을 도출하는 데 활용될 수 있다. 특히 정책 고객 세분화, 메시지 전략 수립, 채널 믹스(mix) 최적화 등에 AI가 유용하게 활용될 수 있다.

정책 홍보에서는 정책 고객의 특성에 따라 차별화된 메시지 전략이 필요하다(박현순 · 임지영, 2005). AI는 다양한 데이터를 분석하여 정책 고객별 최적의 메시지와 채널을 도출할 수 있다.

이 영역 또한 AI 도입의 단계적 접근이 필요하다. 첫 번째 단계에서는 정책 고객 세분화 및 특성 분석에 AI를 활용할 수 있다. 인구 통계학적 특성뿐만 아니라 가치관, 미디어 소비 행태, 정책 관여도 등 다양한 변수를 고려한 정밀한 정책 고객 세분화가 가능하다.

두 번째 단계에서는 세분화된 정책 고객별 메시지 전략과 채널 전략 수립에 AI를 활용할 수 있다. 각 정책 고객 집단의 특성과 선호도에 맞는 메시지와 내용, 그리고 최적의 송출 채널을 도출하는 것이다. 정책 홍보 활동의 결과를 다양한 지표로 측정하고, 이를 바탕으로 전략을 지속적으로 최적화할 수 있다.

정책 홍보의 지속 가능한 발전을 위하여

지금까지 살펴본 바와 같이 AI 시대의 정책 홍보는 근본적인 변화와 혁신의 기회를 맞이하고 있다. 단계별 AI 도입 전략, 우선순위 설정 방안 등은 이러한 변화에 효과적으로 대응하기 위한 구체적인 실행 방안이다.

정책 홍보의 발전을 위한 선택은 단순히 기술 도입의 문제가 아니라 정책과 정책 고객인 국민 사이의 소통 방식을 근본적으로 바꾸는 문제다. AI는 이 과정에서 강력한 도구가 될 수 있지만 궁극적으로 정책 홍보의 본질적 가치인 정책에 대한 이해와 참여, 신뢰를 높이는 방향으로 활용되어야 한다.

정책 홍보 담당자와 조직은 이러한 변화의 주체로서 기술적 역량과 전략적 사고, 윤리적 판단력을 균형 있게 갖춰야 한다. 특히 단계적 접근과 지속적인 학습, 적응, 개선의 과정을 통해 AI의 가능성을 최대한 실현하면서도 정책 홍보의 본질적 가치를 지켜 나가는 지혜가 필요하다.

결국 정책 홍보의 미래는 기술과 인간의 조화에 달려 있다. AI의 효율성과 인간의 전문성과 창의성이 결합될 때, 정책과 국민 사이의 소통은 더욱 효과적으로 이루어질 수 있을 것이다. 이것이 AI 시대 정책 홍보의 변화이며 발전을 위해 나아가야 할 방향이다.

참고문헌

김미강 외(2019). 브랜디드 콘텐츠 마케팅. ≪마케팅≫, 52-59쪽.
박현순 외(2005). 국정홍보조직과 기능에 대한 정책 홍보 담당자의 인식 및 평가. ≪홍보학연구≫, 160-195쪽.
박현순·임지영(2005). 출산장려를 위한 PR메시지 전략: 문제인식과 효능감을 중심으로. ≪광고학연구≫, 345-368쪽.
신호창 외(2011). 『정책 PR』. 커뮤니케이션북스.
전형준 외(2015). 『정책 PR론』. 커뮤니케이션북스.

정휘관

서강대학교 신문방송학과 겸임교수이자 하우즈미디어커뮤니케이션랩의 공동창업자다. 서강대학교 신문방송학과에서 광고학 박사 학위를 받았다. 서강대학교 미디어커뮤니케이션대학원과 서울예술대학교 커뮤니케이션학부에서 학생들을 가르치고 있으며, 대구가톨릭대학교 미디어영상광고홍보학부 외래산학협력교수로도 활동하고 있다. 주요 경력으로는 중앙자살예방센터(現 한국생명존중희망재단) 미디어홍보팀장, 식품의약품안전처 주무관, 대한민국시장·군수·구청장협의회 소통지원팀장을 거쳤고, 식품의약품안전처장상과 행정안전부장관상을 수상했다. 연구자로서는 서강언론학술상, 한국헬스커뮤니케이션학회 엔자임 학술상을 수상했으며, 저서로는 네이버 경제·경영 베스트셀러이자 국립중앙도서관·인천중앙도서관 추천도서, 인사혁신처·문화체육관광부 추천도서인 『코로나 시대의 역발상 트렌드』와 교보문고 MD의 선택, 창업진흥원 추천도서인 『역발상 트렌드 2023』이 있다.